Monika Fromme
Verena Speer-Ramlow

Besser in

Deutsch

7. Klasse

Realschule

Cornelsen
SCRIPTOR

Über die Autorinnen:
Monika Fromme und Verena Speer-Ramlow unterrichten Deutsch an einer Realschule in Nordrhein-Westfalen.

Bibliografische Information der Deutschen Nationalbibliothek
Die Deutsche Nationalbibliothek verzeichnet diese Publikation in der Deutschen Nationalbibliografie; detaillierte bibliografische Daten sind im Internet über http://dnb.d-nb.de abrufbar.

2. Auflage

Bibliographisches Institut GmbH
Dudenstraße 6, 68167 Mannheim

Redaktionelle Leitung: Constanze Schöder
Redaktion: Claudia Fahlbusch
Illustrationen: Barbara Gerth
Herstellung: Annette Scheerer
Layoutkonzept: Horst Bachmann, Weinheim
Umschlaggestaltung: glas AG, Seeheim-Jugenheim
Satz/Layout: Ines Schiffel, Berlin
Druck und Bindung: orthdruk, Białystok
Printed in Poland

ISBN 978-3-411-87023-3

Vorwort 4

1 Texte schreiben 5
1.1 Inhaltsangabe 5
1.2 Vorgangsbeschreibung 9
1.3 Personenbeschreibung 17
1.4 Den eigenen Standpunkt vertreten: Argumentieren 23
1.5 Texte überarbeiten und verbessern 31
Test 34

2 Texte lesen und verstehen 37
2.1 Sachtexte und Diagramme 37
2.2 Balladen 43
Test 53

3 Sprache kennenlernen 56
3.1 Wortarten 56
3.2 Zeitformen des Verbs 63
3.3 Aktiv – Passiv 68
3.4 Satzglieder 74
3.5 Satzreihen und Satzgefüge 77
Test 86

4 Richtig schreiben 90
4.1 Groß- und Kleinschreibung 90
4.2 das oder dass? 99
4.3 Rechtschreibfehler finden und korrigieren 103
4.4 Zeichensetzung 105
Test 108

Stichwortverzeichnis 111

Vorwort

Liebe Schülerin, lieber Schüler,

dieser Band der Reihe „Besser in Deutsch“ hilft dir, deine Kenntnisse im Fach Deutsch zu verbessern. Du kannst gezielt Stoff nachholen und wiederholen, um sicherer zu werden! Zu allen Bereichen des Deutschunterrichts sind kleine Aufgaben angeboten, mit denen du selbstständig arbeiten kannst.
Die Schwerpunkte sind:

- **Texte schreiben**
  Aufsätze verfassen
- **Texte lesen und verstehen**
  Textverstehen, Textanalyse
- **Sprache kennenlernen**
  Grammatik
- **Richtig schreiben**
  Zeichensetzung und Rechtschreibung

Die Texte und die Aufgaben in diesem Buch sind so ausgewählt und zusammengestellt, dass dir die Bearbeitung möglichst leichtfällt.

TIPPS UND INFOS **Zum Arbeiten mit diesem Buch**

- Das Buch enthält viele Erklärungen und Übungen. Arbeite sie durch und vergleiche deine Antworten mit den Lösungen im Lösungsheft. Verbessere Fehler.
- Bei einigen Übungen kannst du Stichworte oder Kreuzchen im Buch selbst machen. Nimm dazu am besten einen Bleistift, dann kannst du Fehler leichter ausbessern.
- Für andere Übungen (z. B. kleine Texte) brauchst du mehr Platz. Lege dir ein **eigenes Arbeitsheft** zu, in das du schreibst.
- Am Ende eines jeden Kapitels kannst du in einem kleinen Test überprüfen, ob du den Stoff nun beherrschst.

Viel Spaß und Erfolg beim Lernen!

1 Texte schreiben

Das musst du am Ende der Klasse 7 können:

- Texte inhaltlich zusammenfassen
- Einen Vorgang Schritt für Schritt beschreiben
- Merkmale, Verhaltensweisen und Eigenschaften von Personen sachlich beschreiben
- Beschreibungen angemessen formulieren und sinnvoll strukturieren
- Notwendige Fachbegriffe benutzen
- Treffende Verben und Adjektive finden und anwenden
- Sachliche Informationen von unsachlichen Hinweisen und subjektiven Bewertungen unterscheiden
- Argumente verstehen und bewerten
- Die eigene Meinung durch Argumente gestützt darstellen
- Gegenargumente erkennen und widerlegen
- Eigene Texte überarbeiten und verbessern

1.1 Inhaltsangabe

TIPPS UND INFOS **Kurz und prägnant**

Du weißt, dass sich die Inhaltsangabe von einer Nacherzählung unterscheidet. Eine Inhaltsangabe gibt die **wichtigsten Aussagen** eines Textes **kurz und prägnant** wieder. Sie dient dazu, jemanden über einen Text, einen Film, ein Buch etc. zu informieren und ihm die wesentlichen Aussagen mitzuteilen.

1 **Lies dir den folgenden Text einmal konzentriert durch.**

Der Lima-Express

Der folgende Ausschnitt stammt aus dem gleichnamigen Roman von Hermann Klingler (Pseudonym: Ronald Ross), erschienen 1958 im Arena Verlag.

Einleitung:
Der indianische Holzfällerjunge Alfonso bemerkt, dass die Eisenbahnbrücke über den Rio Fabre durch ein Unwetter so stark unterspült ist, dass sie einzustürzen droht.
Er fällt einen Baum und lässt ihn quer über die Schienen fallen, um den herannahenden Lima-Express zu stoppen.

Heulend, schrill gellten Lokomotivbremsen auf. Alfonso hielt sich die Hand vor die Augen. Ein kurzes Splittern - dann schien der Zug zu stehen. Der junge Indio starrte wie ein Irrer vor sich hin. Die Lokomotive war bremsend noch gegen den Baum gebraust und hatte ihn einige Meter vor sich hergeschoben. Irgendwo klirrten Scheiben. Schreie wurden laut. (...) Alfonso aber versagten die Knie. Die Anstrengung war zu groß gewesen. Es wurde ihm schwarz vor den Augen. Und dann standen plötzlich Männer um ihn herum. Sie schrien und redeten wirr durcheinander. (...) Und da wurde er auch schon von einem der Männer hochgerissen. Ein harter Faustschlag traf den Jungen ins Gesicht. (...) Ein fein gekleideter Mann schimpfte in einer fremden Sprache und trat mit seinen Lackschuhen dem bewusstlosen Jungen in die Seite. Eine Frau spuckte den auf dem Boden Liegenden an. Die Stimmen überschlugen sich. „Hängt ihn doch an dem Baum dort auf!" „Sein Leben hat er verwirkt, klar! Aber wir bringen ihn doch lieber zur nächsten Polizeistation in die Stadt!" „Unsinn, hier bedarf es keines Richters! Hier richten wir!" „Dieser Kerl hat uns doch fast in den Tod geschickt." „Das ist einer dieser verdammten indianischen Saboteure!" Keiner war da, der ein milderndes Wort geäußert hätte. Schon riss man ihn hoch, einer wand aus Leinen eine Schlinge. „Die Brücke!", murmelte Alfonso auf einmal. Aber man konnte ihn nicht verstehen. Seine Lippen waren von den Schlägen dick verquollen. „Die Brücke!", schrie er auf und riss sich mit einer plötzlichen Bewegung los, sodass die Umstehenden herumfuhren. (...) „Die Brücke!", schrie Alfonso noch lauter auf. Mühsam versuchte sich der Junge aufzurichten. Sein Anblick ließ die anderen zurückweichen. (...) Alfonso aber streckte seine Arme in die Richtung der Brücke aus und schrie ununterbrochen und monoton wie eine Sprechmaschine. „Die Brücke ...! Die Brücke ...! Die Brücke ...!" Dann wankte der Junge wieder, taumelte zurück und schlug erneut zu Boden. „Was meint der Bursche nur? Was ist das mit der Brücke?", fragten einige. „Ist hier denn überhaupt eine Brücke?" Der Lokomotivführer, an den die Frage gerichtet war, stutzte.

Er blickte fragend auf den Zusammengebrochenen. „Ja, hm, gleich hinter der Biegung dort ist eine Brücke. Sie führt über den Rio Fabre." Der Heizer und ein Reisender machten sich auf den Weg. (...) Als die beiden Kundschafter zurückkamen, legte sich lastendes Schweigen über die vorher so laute Gesellschaft. Die Hauptschreier, die eben noch nach einem Mord verlangt hatten, drückten sich in den Hintergrund. Der Lokomotivführer, der den Jungen niedergeschlagen und so schwer verletzt hatte, schaute verlegen um sich. Dann hob er plötzlich Alfonso behutsam auf und trug ihn zum Zug. Man sah es dem Mann an, dass er sich plötzlich in seiner Haut nicht mehr wohlfühlte. Der Lima-Express fuhr zur nächsten Station zurück. (...) Man rief telefonisch in einer hundert Kilometer entfernten Stadt an, die ein Krankenhaus besaß. Von dort ging das Gespräch zu einer Flugzeugstaffel des peruanischen Militärs. Und wenig später landete ein Hauptmann mit einem Hubschrauber.

Als Alfonso mit schmerzhaft verzogenem Gesicht in die Maschine geladen wurde, umstanden die Reisenden des Express-Zuges schweigend und zutiefst beschämt das Flugzeug. Jeder wusste, dass er sein Leben diesem kleinen braunen Mischblut zu verdanken hatte. Man hatte es ihm wahrlich schlecht gelohnt! (...)

2 Lies dir die folgenden Aussagen durch und kreuze die richtigen an.

1. Ein Indiojunge bringt durch Sabotage den Lima-Express kurz vor der Brücke über den Rio Fabre zum Entgleisen.
2. Passagiere des Lima-Expresses verdanken ihr Leben dem selbstlosen Einsatz eines kleinen Indiojungen.
3. Zugführer des Lima-Expresses rettet durch geistesgegenwärtiges Handeln Hunderten Passagieren das Leben.
4. Personal und Passagiere des Lima-Expresses verkennen die selbstlose Tat eines Indiojungen, der durch seinen mutigen Einsatz eine Katastrophe verhindern kann.
5. Holzfällerjunge wird fast zu Tode geprügelt, weil er einen Zug zum Entgleisen bringt.
6. Eisenbahnbrücke über den Rio Fabre ist gesperrt, da ein vom Unwetter entwurzelter Baum die Strecke blockiert.

3 Sicher hast du festgestellt, dass es nicht ganz einfach ist, nach einmaligem Lesen alle Fragen sicher zu beantworten.

Um in einer Inhaltsangabe wirklich alle wesentlichen Aussagen kurz und sachlich zusammenzufassen, ist es daher unbedingt erforderlich, den Text mehrmals zu lesen und ihn zu bearbeiten.

1. Lies dir deshalb nun den Text ein zweites und drittes Mal gründlich durch. Kläre dabei unbekannte Begriffe, indem du sie in einem Wörterbuch nachschlägst.
2. Unterstreiche die wichtigsten Aussagen des Textes. Orientiere dich dabei an den W-Fragen: Wer? Wo? Wann? Was? Wie? Warum? Welche Folgen?
   Die W-Fragen helfen dir herauszufinden, welche Informationen aus dem Text für deine Inhaltsangabe wirklich von Bedeutung sind.
3. Beantworte anschließend die W-Fragen stichpunktartig in deinem Heft.

TIPPS UND INFOS **Handlungsschritte erkennen**

In einem weiteren Schritt geht es anschließend darum, die wichtigsten Handlungsschritte des Textes zu erfassen und abschnittsweise zusammenzufassen.
Handlungsschritte erkennst du, wenn du beim Lesen darauf achtest, ob

- eine **Wende im Geschehen** erfolgt,
- ein **neues oder unerwartetes Ereignis** eintritt,
- der **Ort** des Geschehens **wechselt,**
- **Personen** gehen oder hinzukommen,
- ein **Zeitsprung** erfolgt.

4 **Gliedere nun den Romanausschnitt in sinnvolle Handlungsabschnitte. Formuliere zu jedem Handlungsabschnitt eine kurze Zusammenfassung im Präsens. Benutze dazu dein Heft.**

Wenn du die kursiv gedruckte Einleitung zum ersten Handlungsschritt erklärst, dann ergeben sich noch sechs weitere Abschnitte.

So kannst du anfangen:
Z. 1 – 4: Einleitung: Alfonso erkennt, dass die Eisenbahnbrücke einsturzgefährdet ist, und will den herannahenden Zug durch einen gefällten Baum stoppen.

DAS MUSST DU WISSEN **Inhaltsangabe – Aufbau und Sprache**

- **Einleitung**
  Zu Beginn nennst du Autor und Titel des Textes, das Erscheinungsjahr und den -ort, soweit sie dir bekannt sind, sowie die Textsorte. Außerdem formulierst du möglichst kurz und treffend die Kernaussage bzw. das Thema des Textes.
- **Hauptteil**
  Im Hauptteil stellst du das Geschehen in logischer Reihenfolge knapp dar, sodass der Leser den Handlungsablauf nachvollziehen kann.
- **Sprache**
  Beim Formulieren musst du die folgenden sprachlichen Aspekte beachten. Setze die Stichpunkte in den Lückentext ein.

Präsens *sachlich* *Wörtliche Rede* *Ausschmückungen*

Reihenfolge *Einzelheiten* *Wesentliche*

spannungssteigernde Elemente *eigenen Worten*

1. Schreibe ________ und reduziere deinen Text auf das ________.
2. Vermeide überflüssige ________ und unwichtige ________.
3. Verzichte auf ________.
   ________ gehört nicht in eine Inhaltsangabe.
4. Bringe deinen Text in eine nachvollziehbare ________.
5. Fasse den Text mit ________ zusammen.
6. Denke stets daran, das ________ zu verwenden.

5 **Nun hast du genügend Informationen gesammelt und zusammengefasst, sodass du eine Inhaltsangabe formulieren kannst.**

Schreibe eine Inhaltsangabe zu dem Romanauszug aus „Der Lima-Express“. Orientiere dich dabei an den Handlungsschritten und an den W-Fragen, die du zuvor erarbeitet hast. Beachte beim Formulieren die sprachlichen Besonderheiten einer Inhaltsangabe. Schreibe in dein Heft.

6 **Kontrolliere deine Inhaltsangabe mithilfe der folgenden Checkliste.**

	☺	☹
Ich habe durchgängig das Präsens benutzt.		
Ich habe keine wörtliche Rede verwendet.		
Ich habe auf Ausschmückungen und Einzelheiten verzichtet.		
Ich habe das Geschehen in einer nachvollziehbaren Reihenfolge geschildert.		
Ich habe mit eigenen Worten erzählt.		

Wenn du bei einer der Aussagen den lachenden Smiley nicht ankreuzen konntest, solltest du deine Inhaltsangabe auf diesen Punkt bezogen noch einmal überarbeiten.

1.2 Vorgangsbeschreibung

Wer kennt diese Situationen nicht?
Dein Vater kämpft sich durch die Anleitung zum Aufbau der neuen Schrankwand, deine Mutter verzweifelt bei der Bedienung des Videorekorders, deiner Freundin gelingt es nicht, ihre Lieblings-CDs auf ihren MP3-Player zu überspielen, und unter deine Beschreibung des Experiments der letzten Physikstunde schreibt der Lehrer nur ein großes Fragezeichen. Bedienungsanleitungen oder Vorgangsbeschreibungen erscheinen uns oft unverständlich, wir haben den Eindruck, dass sie zu ungenau und unverständlich sind und eher für Experten geschrieben wurden als für uns, die eigentlichen Verbraucher oder Benutzer.

Worauf du beim Formulieren einer Vorgangsbeschreibung achten und was du beim Schreiben berücksichtigen musst, wirst du in diesem Kapitel erfahren und üben.

TIPPS UND INFOS — **Grundlegendes zur Vorgangsbeschreibung**

- Die Textart **Vorgangsbeschreibung** ist den Gebrauchstexten zuzuordnen.
- Vorgangsbeschreibungen informieren darüber, wie eine Tätigkeit bzw. ein Vorgang durchgeführt oder ein Gegenstand hergestellt wird.
- Sie richten sich an eine bestimmte Personengruppe, den Adressaten. Dieser Adressat soll durch die Beschreibung in die Lage versetzt werden, den dargestellten Vorgang oder die Tätigkeit anschließend selbstständig und ohne weitere Hilfe durchzuführen.
- Zu den Vorgangsbeschreibungen gehören zum Beispiel **Wegbeschreibungen, Spiel- und Bastelanleitungen, Kochrezepte, Bedienungsanleitungen** sowie **Beschreibungen von Experimenten.**

1 Ergänze im Text die passenden Begriffe.

Damit Vorgangsbeschreibungen für den Adressaten verständlich sind, müssen mehrere Aspekte beachtet werden. Der Aufbau einer Vorgangsbeschreibung ist, wie bei vielen anderen Textarten, meist dreiteilig.

Zweck der Arbeit | *Materialien* | *Arbeitsschritte* | *Ergebnis* | *Werkzeuge* | *zeitlich richtiger Reihenfolge* | *Zeitangabe*

1. Die **Einleitung** enthält eine Aufstellung der benötigten ______________________ und ______________________. Manchmal enthält sie eine ______________________ zur ungefähren Dauer der Tätigkeit.
2. Im **Hauptteil** werden die einzelnen ______________________ in ______________________ geschildert.
3. Der **Schluss** weist nochmals kurz auf den ______________________ bzw. auf das ______________________ hin.

DAS MUSST DU WISSEN | **Zeitform, Aufbau und Sprache**

- In einer **Vorgangsbeschreibung** hält man Tätigkeiten und Handlungsabläufe schriftlich fest und stellt sie so dar, dass sie immer wieder und zu jedem Zeitpunkt nachvollziehbar sind. Eine Vorgangsbeschreibung hat allgemeine Gültigkeit und wird deshalb im **Präsens** formuliert.
- Im **Hauptteil** einer Vorgangs- oder Versuchsbeschreibung ist es wichtig, dass du die einzelnen Teilschritte **vollständig** und in der **richtigen Reihenfolge** darstellst. Nur so lässt sich der Vorgang für andere nachvollziehen.
- Für die **sprachliche Darstellung** gibt es unterschiedliche Möglichkeiten.
  1. Der Adressat wird direkt angesprochen.
     Beispiele:
     Du *benötigst ... /* ***Ihr*** *benötigt .../* ***Sie*** *benötigen ...*
     Male *... an./* ***Malt*** *... an./* ***Malen Sie*** *... an.*
  2. Du kannst jedoch auch eine allgemeine Sprachform wählen.
     Beispiel:
     Man *benötigt ...*
  3. Das unpersönliche Passiv kannst du mit den anderen beiden Sprachformen kombinieren.
     Beispiele:
     Das Bild ***wird ausgemalt.*** *Zuerst rollst du den Teig aus.*
     Dann ***werden*** *die Plätzchen* ***ausgestochen.***

2 **Stelle dir nun folgende Situation vor. Im Herbstlager habt ihr Halloween-Masken gebastelt.**

Damit du sie zu Hause nachbauen kannst, hast du dir einige Stichworte und eine Skizze auf Zetteln notiert. Nun willst du deiner Brieffreundin mitteilen, wie man so eine Maske bastelt.

1. Bringe die Stichworte (Seite 12 bis 13) zuerst in die richtige Reihenfolge.
2. Formuliere anschließend aus den Stichpunkten einen zusammenhängenden Text. Achte dabei auf die richtige Zeitform. Schreibe in dein Heft.

TIPPS UND INFOS | **Alternativen für „dann"**

Achte beim Formulieren darauf, dass du nicht zu häufig **„dann"** verwendest. Benutze andere Ausdrücke, z. B.:
zum Schluss, später, schließlich, jetzt, zuerst, zunächst, nun, im Anschluss, anschließend, danach

Bastelanleitung für eine Halloween-Gruselmaske

in die Rückseite der Maske beidseitig Löcher stechen, Gummiband mit Zahnstochern befestigen

Papiertaschentücher in Tapetenkleister tauchen

eine Hälfte des aufgeblasenen Luftballons mit eingetauchten Zeitungsstreifen bekleben, alles trocknen lassen

Maske vor das Gesicht halten und Kreise anstelle der Augen einzeichnen

Luftballon zerstechen und Kanten glatt schneiden

Maske anmalen und mit Leuchtfarbe überstreichen (siehe Abbildung)

Zeitung in Streifen schneiden (ca. 2 cm x 6 cm) und Streifen in Tapetenkleister tauchen

aus Modelliermasse Zähne formen, befestigen und aushärten lassen

die Taschentücher auf die Maske schichten und dabei die Form eines Totenschädels modellieren (siehe Abbildung)

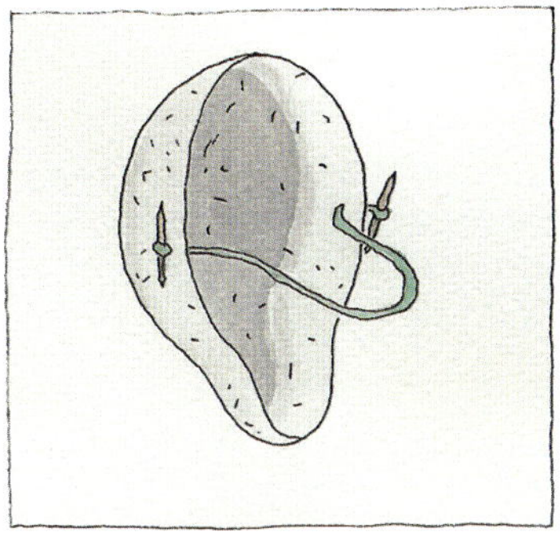

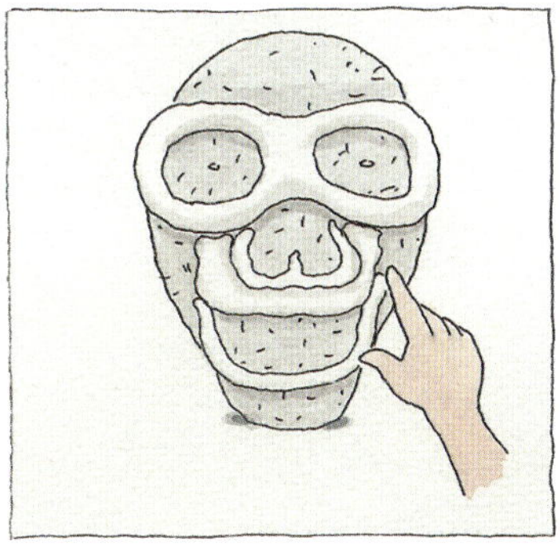

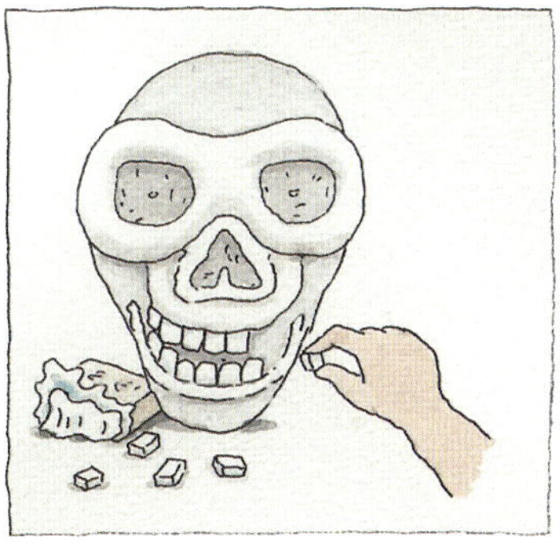

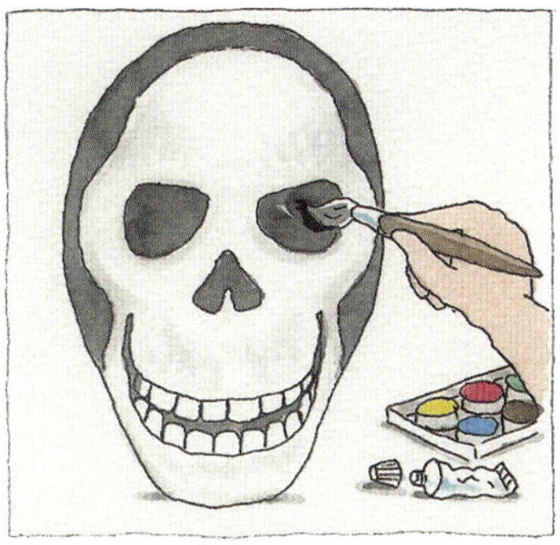

Tapetenkleister mit Wasser anrühren und Luftballon aufpusten

Luftballon, Tapetenkleister, Zeitungen, Schere, Stift, Papiertaschentücher, Modelliermasse, Wasserfarbe, Deckweiß, Pinsel, Zahnstocher, Leuchtfarbe, Gummiband

3. Überprüfe nun deine Bastelanleitung mithilfe des Lösungsteils selbst. Beachte dabei folgende Fragestellungen.
   - Hast du die Bastelanleitung in die richtige Reihenfolge gebracht?
   - Hast du durchgängig das Präsens benutzt?
   - Hast du Wortwiederholungen, besonders am Satzanfang, vermieden?

Wenn dir hierbei noch Fehler unterlaufen sind, solltest du deine Anleitung noch einmal überarbeiten. Wenn es dir Spaß macht, kannst du ja anschließend diese Maske mit deinen Freunden nachbasteln. So merkst du am besten, ob dir deine Beschreibung gelungen ist.

DAS MUSST DU WISSEN Merkmale einer Vorgangsbeschreibung

Damit Vorgangsbeschreibungen verständlich sind, kommt es auf **Genauigkeit, Sachlichkeit** und **Anschaulichkeit** an. Jemand, der den dargestellten Vorgang nicht sieht, muss trotzdem anschließend in der Lage sein, den Ablauf nachzuvollziehen oder zu wiederholen.

Sachlichkeit
- Beschränke dich auf notwendige Informationen.
- Verzichte auf subjektive Bemerkungen und Bewertungen.

Genauigkeit
- Verwende, falls erforderlich, Fachbegriffe.
- Benenne alle notwendigen Arbeitsschritte.
- Halte dabei die richtige Reihenfolge ein.

Anschaulichkeit
- Wähle treffende Verben und Adjektive.
- Benutze Vergleiche, wenn sie die Vorstellung unterstützen.

4. Überlege dir selbst etwas, das du einmal gebastelt hast oder schon immer basteln wolltest und verfasse dazu eine Bastelanleitung. Du kannst auch ein Experiment, das du einmal gesehen oder gemacht hast, beschreiben.

3 **Überarbeite die Vorgangsbeschreibung.**

Deine Freundin hat in den letzten Ferien einige ihrer langweiligen alten T-Shirts aufgepeppt, indem sie ihnen ein neues Design mit Stofffarbe gegeben hat. Diese Idee möchte sie nun weitergeben und sie wendet sich dazu an eine Jugendzeitschrift. Ihre Anleitung ist jedoch noch nicht ganz gelungen. Außerdem ist sie sich nicht sicher bei der Verwendung treffender Fachbegriffe.

1. Setze die fehlenden, über dem Text genannten Wörter in die entsprechenden Lücken ein. Beachte dabei, dass du die Verben zuerst noch in die richtige Personalform bringen musst.
2. Überprüfe, ob die anfangs gewählte Sprachform beibehalten wurde, und ändere gegebenenfalls Textstellen.
3. Streiche diejenigen Textstellen heraus, die dir unsachlich oder überflüssig erscheinen.

entwerfen *Borstenpinsel* *Umrisse* *tauchen* *bügeln*
Stofffarbe *schieben* *Auftragen* *Cutter* *Internet*
fixieren *Schablone* *glatt geschnitten* *platzieren*
Motiv *passende* *betupfen* *Konturen* *verrutschen*
streifen *verbogen*

T-Shirt-Design

Zum Designen eines T-Shirts benötigt ihr ein einfaches Baumwoll-T-Shirt, __________ eurer Wahl, einen __________, mindestens zwei Bögen Pappe sowie eine Schere oder einen __________.
Zuerst solltest du dir genau überlegen, mit welchem __________ du dein T-Shirt aufpeppen möchtest. Ich habe mir mein Sternzeichen auf das neue T-Shirt gedruckt, das sieht ziemlich cool aus. Entweder __________ du selbst ein Bild oder du lädst dir im __________ ein Motiv herunter. Dort findest du zahlreiche Anregungen. Außerdem macht es dir sicher Spaß, ein wenig im Internet zu surfen. Wichtig bei der Auswahl eines Motivs ist, dass es Umrisse hat, die sich gut ausschneiden lassen. Übertrage dann dein Bild auf ein Stück Pappe und schneide die __________ sorgfältig aus. So erhältst du eine __________.
Achte dabei darauf, dass die Kanten __________ und nicht

___ sind. Suche nun eine ___ Stelle auf deinem T-Shirt, wo du dein Bild ___ möchtest, und lege deine Vorlage darauf. Anschließend ___ ihr ein zweites Stück Pappe in das T-Shirt hinein, damit die Farbe beim ___ nicht durchgeht. Das ist dann eine Kleckerei und dein T-Shirt ist hin. Jetzt ___ du den Pinsel in die Farbe, ___ ihn ein wenig ab und ___ von oben den Stoff in der Schablone. Das ist ganz schön schwierig und ich habe mir beim ersten Versuch mein neues T-Shirt versaut. Die Farbe darf nicht zu dünn sein, sonst läuft sie unter die Ränder der Schablone und die ___ deines Bildes werden unscharf. Dabei musst du die Pappe mit der anderen Hand fest auf den Stoff drücken, damit die Schablone nicht ___. Auf diese Art betupft ihr die ganze Fläche mit Farbe. Wenn ihr damit fertig seid, nehmt ihr die Schablone vorsichtig herunter und lasst euer Shirt trocknen. Abschließend muss die Farbe noch ___ werden. Dazu müsst ihr euer T-Shirt nur ___. Stellt das Bügeleisen auf Baumwollstufe ein und fahrt nun mehrere Male vorsichtig über das Motiv. Vielleicht kann das ja auch eure Mutter für euch erledigen. Nun könnt ihr euch in eurem neuen Outfit sehen lassen.

1.3 Personenbeschreibung

Es gibt viele Situationen, in denen es wichtig oder nützlich sein kann, eine Person möglichst genau zu beschreiben.
Stell dir vor, du hast ein tolles Mädchen oder einen coolen Typ auf einer Party gesehen und du möchtest sie bzw. ihn wiedersehen, kennst aber weder den Namen noch Telefonnummer oder Adresse. Du kannst aber auch zu einer Zeugenaussage geladen werden, weil du einen Diebstahl beobachtet hast und nun eine Täterbeschreibung abgeben musst. In solchen Fällen ist es wichtig, dass man seine Beobachtungen möglichst genau und vollständig formuliert. Jemand, der die beschriebene Person nicht kennt oder nicht weiß, wen du meinst, sollte sie anhand der Beschreibung erkennen können.
Je nachdem, für wen du eine Personenbeschreibung abgibst oder welche Absicht du damit verfolgst, wird deine Beschreibung sehr unterschiedlich ausfallen. Einem Freund oder einer Freundin teilst du sicher ganz andere Beobachtungen mit als der Kriminalpolizei. Das heißt, du musst abwägen, für wen und für welchen Zweck bestimmte Merkmale und Eigenschaften wichtig oder interessant sein könnten.

TIPPS UND INFOS **Absicht und Adressat**

Wenn du eine **Person beschreibst,** ist es wichtig, dabei im Blick zu haben, welchen Zweck und welche Absicht du damit verfolgst. Gleichzeitig musst du dir vor Augen halten, für wen du die Beschreibung formulierst (Adressat).
Erst wenn du dir darüber im Klaren bist, kannst du entscheiden, welche Angaben für die Beschreibung wichtig sind und welcher Schreibstil angemessen ist.

Vielleicht kennst du den Kinofilm „Die Chroniken von Narnia“? Er wurde auf Grundlage der gleichnamigen Jugendbuchreihe von C. S. Lewis gedreht.

Eine der Hauptfiguren aus dem Buch bzw. Film ist Jadis, die Weiße Hexe. Sie verkörpert das Böse. Als selbsternannte Königin führt sie eine Schreckensherrschaft mit ewigem Winter über Narnia. Alle, die sich ihr in den Weg stellen, versucht sie zu vernichten.

Du hast die Weiße Hexe auf einem Filmplakat gesehen (s. Abb. Seite 18) und beschreibst sie nun deinem Freund oder deiner Freundin so genau, dass er/sie sich die Filmfigur gut vorstellen kann. Dazu musst du den Schwerpunkt auf die äußeren Merkmale der Weißen Hexe legen.

1 Kreise ein, welche Personenmerkmale die äußere Erscheinung der Weißen Hexe am treffendsten beschreiben.

stattlich | klein | sanftmütig | gebückt | unnahbar

streng | zierlich | erhaben | junge Frau | Königin

Prinzessin | Mantel aus weißem Fell | Zauberstab in der Hand

schlank | lässig | Umhang aus weißem Pelz

aufrechte Körperhaltung | prächtiges weißes Gewand

schönes weißes Kleid | Mädchen

langer, glänzender Stab in linker Hand

rechte Hand energisch gegen Taille gestützt

spitze Krone aus Eis als ihr einziger Schmuck

Körperhaltung drückt Angst aus

Krone auf dem Kopf

rechte Hand bequem an Taille gelehnt

entschlossene Körperhaltung

Teenager | Herrscherin

schlaksig | elegant

DAS MUSST DU WISSEN | **Systematisch beschreiben**

Bei einer **Personenbeschreibung** stehen oft die **äußeren Merkmale** im Vordergrund. Dazu sollte man systematisch vorgehen. Es bietet sich an, mit allgemeinen Beschreibungsmerkmalen zu beginnen und später **besondere Merkmale** zu nennen.

- erster Eindruck, Geschlecht, Alter, Größe
- Gestalt, Figur, Körperbau und -haltung
- Kleidung
- Kopf/Gesicht/Mimik
- Besonderheiten

Das Einhalten dieser Reihenfolge ist nicht zwingend notwendig.
Ein systematisches Vorgehen hilft dir jedoch dabei, dass du nicht ständig zwischen den einzelnen Merkmalen hin- und herspringst.

2 Formuliere nun aus den oben erarbeiteten Merkmalen den ersten Teil einer Personenbeschreibung der Weißen Hexe (die ersten drei Punkte des Kastens).

Achte darauf, dass du treffende und abwechslungsreiche Verben benutzt. Vermeide Wortwiederholungen. Schreibe in dein Heft.

So kannst du beginnen:
Jadis, die Weiße Hexe, herrscht als selbsternannte Königin über Narnia. Sie ist noch sehr jung, besitzt aber schon ein stattliches und selbstbewusstes Auftreten. Jadis führt eine Schreckensherrschaft und ihre Kälte spiegelt sich in ihrer ganzen Erscheinung wider. Durch ihre aufrechte Körperhaltung wirkt sie ...

TIPPS UND INFOS | **Kopf und Gesicht beschreiben**

Zur Beschreibung des **Kopfes** und des **Gesichts** gehören folgende Teilaspekte:

- Gesichtsausdruck
- Gesichtsform
- Augen (Form und Ausdruck)
- Augenbrauen
- Stirn
- Mund, Lippen, Nase
- Kinn
- Wangen
- Haare
- Hals

3 Es ist nicht immer ganz einfach, passende Adjektive zu finden, wenn du deine Beobachtungen wiedergeben möchtest. Hier findest du eine Liste mit Adjektiven und Merkmalen, die dir dabei helfen, Kopf und Gesicht einer Person möglichst detailliert und treffend zu beschreiben.

1. Ordne die in der Tabelle aufgeführten Adjektive den Teilaspekten aus dem Kasten (Seite 19) zu. Schreibe dazu die entsprechenden Begriffe in die zweite Spalte.

rundlich, oval, kantig, länglich, ...	Gesichtsform
freundlich, streng, nervös, wütend, entschlossen, hart, ...	
kurz, schulterlang, glatt, gelockt, gescheitelt, seidig, struppig, rötlich, blond, blonde Strähnen, Bürstenschnitt, ...	
schmal, groß, rund, eng beieinander, vorstehend, tief liegende Augenhöhlen, traurig, strahlend, ...	
buschig, schmal, gezupft, geschwungen, zusammengewachsen, ...	
lang, schlank, kurz, fleischig, ...	
schmal, breit, kurz, lang, Stupsnase, Hakennase, gekrümmt, spitz, ...	
rot, blass, schmal, wulstig, Schmollmund, verkniffen, ...	
spitz, breit, vorgeschoben, fliehend, ...	
gerötet, blass, eingefallen, pausbäckig, hervorstehende Wangenknochen, ...	
flach, hoch, gewölbt, ...	

Diese Liste ist keineswegs vollständig und kann von dir jederzeit durch eigene Beobachtungen ergänzt werden.

2. Setze nun die Beschreibung der Weißen Hexe fort, indem du ihren Kopf, ihr Gesicht und ihren Gesichtsausdruck näher beschreibst.

So kannst du an den ersten Teil deiner Personenbeschreibung anknüpfen:
Ihr schmales, längliches Gesicht passt gut zu der schlanken Figur. Mit unbeweglicher Miene schaut sie über ihre linke Schulter, ihr Blick drückt Entschlossenheit aus. ...

TIPPS UND INFOS **Wahrnehmen und beschreiben**

Obwohl eine Person für jeden Betrachter eigentlich gleich aussehen müsste, können **Beschreibungen zu ein und demselben Menschen sehr unterschiedlich** ausfallen.

- Wie du eine Person wahrnimmst, hängt stark davon ab, wie du zu ihr stehst und welche Gefühle du ihr gegenüber entwickelst.
- Gefühle sind besonders dann entscheidend, wenn du über Verhaltensweisen und Eigenschaften eines Menschen Aussagen triffst.
- Empfindungen wie Sympathie, Abneigung, Liebe, Hass, Angst, Bewunderung, Mitleid, Respekt, Verachtung oder Freundschaft beeinflussen deine Beschreibung einer Person entscheidend.

4 Hier stellen wir dir nun zwei weitere Hauptfiguren aus dem Buch bzw. Film vor.

Lucy ist mit ihren acht Jahren zwar noch sehr jung, aber tapfer und äußerst sensibel. Sicher vermag sie das Gute vom Bösen zu unterscheiden und ihr Vertrauen den wahren Freunden zu schenken.
Edmund ist zehn Jahre alt, er ist zwar schlau, möchte sich jedoch von seinen Geschwistern absetzen und gerät in den Bann der Weißen Hexe. Er bewundert und fürchtet sie gleichermaßen.

Beide Geschwister treffen im Laufe der Geschichte auf die Weiße Hexe und machen sich ein Bild von ihr.

1. Lies dir die folgenden Texte aufmerksam durch und entscheide, von welchem der beiden Kinder die jeweilige Personenbeschreibung stammt.

Beschreibung A
„Sie ist größer und stattlicher als alle Frauen, die ich bisher gesehen habe. Ihr Gesicht ist weiß, viel weißer als Schnee, Papier oder Puderzucker, im Gegensatz zu ihrem roten Mund. Ihr Gesicht ist schön, jedoch stolz und streng. Sie ist bis zum Hals in weißen Pelz gehüllt und in ihrer rechten Hand hält sie einen langen, geraden, goldenen Stab.
Auf dem Kopf trägt sie eine goldene Krone."
(Vgl. C. S. Lewis: Der König von Narnia, Verlag Carl Ueberreuter, S. 28)

Diese Beschreibung ist von ______________ .

Beschreibung B
„Eine schreckliche Person. Sie nennt sich Königin von Narnia, hat aber kein Recht dazu. Sie ist gar keine wirkliche Königin, sondern eine Hexe. Alle Faune und Nymphen, die Zwerge und die Tiere, alle Guten im Land hassen sie. Sie kann alles in Stein verwandeln und allen Lebewesen schreckliche Dinge antun. Durch ihre Zauberei ist in Narnia immerzu

Winter, aber niemals Weihnachten. Sie fährt in einem Schlitten umher, den Rentiere ziehen. Sie hält einen Zauberstab in der Hand und trägt eine eisige Krone auf dem Kopf."
(Vgl. C. S. Lewis: Der König von Narnia, Verlag Carl Ueberreuter, S. 36)

Diese Beschreibung ist von ________ .

2. Sortiere die von Lucy und Edmund genannten Aspekte in eine Tabelle ein, die du nach folgender Vorlage erstellst. Schreibe in dein Heft.

	Edmund	Lucy
Gesicht/Kopf		
Körperbau/-haltung	*groß, stattlich*	
Kleidung		
Verhaltensweisen/ Eigenschaften		

Die beiden Beschreibungen der Eishexe zeigen deutlich, wie unterschiedlich ein und dieselbe Person von zwei verschiedenen Menschen wahrgenommen werden kann.

3. Vervollständige den Text mit den Wörtern aus dem Wortspeicher.

Verachtung *Respekt* *Bewunderung* *Verhaltensweisen* *Auftreten* *bewertend* *Missbilligung* *äußere Merkmale* *äußere Erscheinung* *Macht*

Während Edmund in seiner Beschreibung ausschließlich ________ benennt, schildert Lucy das ________ der weißen Hexe und deren ________ .

In Edmunds Worten drückt sich trotz der sachlichen Darstellungsweise ________ für die ________ der Weißen Hexe und ________ vor ihrer ________ aus. Lucy hingegen bringt deutlich ________ und ________ ihres Handelns zum Ausdruck, ihre Darstellung ist subjektiv und ________ .

1.4 Den eigenen Standpunkt vertreten: Argumentieren

TIPPS UND INFOS Gespräche vorbereiten

Sicherlich hast du schon erfahren, dass du immer wieder in Situationen kommst, in denen es wichtig ist, dass du **deine Meinungen und Wünsche deutlich zum Ausdruck bringst und diese vor allen Dingen klar begründen kannst.** So ist es zum Beispiel, wenn du dir ein Haustier wünschst und deine Eltern davon überzeugen möchtest, dass ein kleiner Hund genau das Richtige für euch wäre.

- Auf ein solches Gespräch mit deinen Eltern solltest du dich vorbereiten, indem du dir vorher überlegst, welche **Argumente** du **für** die Haltung eines Haustieres vorbringen könntest.
- In einem weiteren Schritt ist es aber auch sinnvoll, die **Gegenseite** zu bedenken. Was könnten deine Eltern also vorbringen, um die Anschaffung eines Haustieres zu verhindern? Wenn du weißt, was die Gegenseite sagen könnte, kannst du dir für deine Forderung noch schlagkräftigere Argumente überlegen.

Man spricht hier von **Pro-** und **Kontra-Argumenten.**

DAS MUSST DU WISSEN Argumente

Möchtest du jemanden von deiner eigenen Meinung überzeugen, musst du Argumente vorbringen.

- Argumente sind Aussagen, die, im Gegensatz zu reinen Behauptungen, **einen Standpunkt (also eine persönliche Meinung) begründet darstellen,** sodass sie allgemein anerkannt werden können.
- Die Begriffe **Pro** und **Kontra** kommen aus der lateinischen Sprache und heißen wörtlich übersetzt *für* (= pro) und *gegen* (= kontra). Argumente können also für oder gegen eine Sache sprechen (= Pro- und Kontra-Argumente).

Lies den Text und bearbeite die nachfolgenden Übungen Schritt für Schritt.

Eva geht in die Klasse 7c einer Realschule. In ihre Klasse gehen auch Jacqueline, Paul und Tim. Die vier Jugendlichen sind schon seit ihrer Grundschulzeit unzertrennlich, sie haben viele gemeinsame Interessen und verstehen sich einfach blendend. Seit einigen Wochen liegt allerdings ein leichter Schatten über ihrer Freundschaft, denn Paul, Tim und Jacqueline lieben es, am Wochenende ins Kino zu gehen. Nicht selten gehen sie danach noch in die Eisdiele oder in den Schnellimbiss. Eva mag dies eigentlich natürlich auch gern, ihr Taschengeld reicht aber meistens nur für maximal einen Kinobesuch im Monat. Anfangs haben die anderen drei immer Rücksicht auf Eva genommen, mittlerweile gehen sie aber manchmal auch ohne sie ins Kino und Eva sitzt währenddessen allein zu Hause. Als gute Freunde fragen Paul und Tim Eva nach Gründen, warum sie nicht mit ins Kino kommen möchte. Eva ist es unangenehm zuzugeben, dass ihr Taschengeld für die häufigen Kinobesuche nicht reicht.

1 Du hast im Text Eva und ihre Freunde kennengelernt. Vielleicht hast du in deinem Freundeskreis auch schon einmal etwas Vergleichbares erlebt.

Welchen Tipp kannst du Eva geben? Wie soll sie sich deiner Meinung nach verhalten?

2 Eva glaubt, dass es richtig ist, ihre Eltern um mehr Taschengeld zu bitten.

Weil sie enttäuscht von ihren Freunden und irgendwie auch wütend auf ihre Eltern ist, läuft das Gespräch wie folgt ab.

Eva:	Mama, ich brauche mehr Taschengeld.
Mutter:	Wofür brauchst du mehr Taschengeld?
Eva:	Jacqueline, Paul und Tim gehen fast jedes Wochenende ins Kino. Nur ich kann nicht mit, weil ich kein Geld habe – das finde ich echt doof! Ich brauche 20 € mehr Taschengeld.
Mutter:	Moment, Eva, was heißt denn hier „Ich brauche mehr Taschengeld"? Nur damit du ins Kino gehen kannst?
Eva:	Ja, nur damit ich ins Kino gehen kann. Ich will mehr Taschengeld.
Mutter:	Du bekommst jeden Monat 10 €. Als ich so alt war wie du, gab es gerade mal 2 Mark, das war damals so viel wie 1 €.
Eva:	Das ist mir doch egal. Für mich reicht das Geld nicht.
Mutter:	Frag mal deinen Vater, was er früher an Taschengeld bekommen hat. Gar nichts! Wir haben uns gefreut, wenn wir mal ein Bonbon oder ein Stück Schokolade bekommen haben.
Eva:	Oh Mann, es ist einfach zu wenig.
Mutter:	Nein, nein, Eva, du musst lernen, mit dem auszukommen, was du hast.

Wütend verlässt Eva das Haus und knallt die Tür hinter sich zu.

Evas Idee, ihre Mutter um mehr Taschengeld zu bitten, ist sicher nicht schlecht, aber warum ist das Gespräch nicht gelungen?

3 **Fasse nun in einer Tabelle zusammen, was Eva sagt, um von ihrer Mutter mehr Taschengeld zu bekommen, und was die Mutter sagt, um das Taschengeld nicht erhöhen zu müssen.**

Übertrage die Tabelle in dein Heft.

Eva sagt:	Die Mutter sagt:

Wenn du die Tabelle sorgfältig ausgefüllt hast, wirst du erkennen, dass das Gespräch so keinen positiven Verlauf nehmen kann, weil Eva zwar mehr Taschengeld fordert, dies aber nicht genügend begründet.

4 **Welches Argument ist das einzige schlüssige, das Eva vorbringt, um ihre Mutter von der Taschengelderhöhung zu überzeugen?**

DAS MUSST DU WISSEN Thesen

Wahrscheinlich hast du bei den Übungen oben schnell erkannt, worin sich echte Argumente von reinen Behauptungen (auch Thesen genannt) unterscheiden.
Eine These ist eine Aussage, die – wie eine **Behauptung** – eine Meinung in den Raum stellt, die nicht stichhaltig und nicht begründet ist. Mit entsprechender Begründung kann eine These allerdings zu einem Argument werden.
Beispiel:
These: *10 € Taschengeld im Monat sind nicht genug für mich.*
Argument: *Mir reichen 10 € Taschengeld im Monat nicht, denn wenn ich mehr Geld hätte, könnte ich mehr Entscheidungen selbst treffen und würde besser lernen, mit Geld umzugehen.*

5 Wenn Eva in ihrer Bitte um mehr Taschengeld reine Thesen formuliert, ist es für die Mutter leicht, diese Thesen zu widerlegen.

Im Folgenden findest du einzelne Gesprächsteile Evas und ihrer Mutter, die durcheinandergeraten sind.

1. Überlege dir jetzt, welche Meinung die Mutter Eva jeweils entgegensetzen kann, indem du eine linke Aussage Evas mit einer entsprechenden rechten Erwiderung der Mutter verbindest.

Eva:	Mutter:
Ich hätte gern mehr Taschengeld, weil alle anderen das auch kriegen.	Weil alles so teuer ist, haben wir auch nicht so viel Geld. Wir müssen auch mit dem auskommen, was wir haben.
Ich hätte gern mehr Taschengeld, weil alles so teuer ist.	Das ist doch kein Grund! Du springst doch auch nicht ins Wasser, nur weil alle anderen das machen.
Ich hätte gern mehr Taschengeld, weil 10 € im Monat einfach nicht für mich reichen.	Ich hätte auch gern mehr Geld, aber leider muss man mit dem zufrieden sein, was man hat, das Leben ist schließlich kein Wunschkonzert.

2. **Was denkst du, wer hat bei diesem Gespräch die größere Überzeugungskraft?**

Eva ☐ oder ihre Mutter ☐?

Beschreibe, worin sich die Aussagen Evas und die ihrer Mutter unterscheiden.
Schreibe in dein Heft.

6 Versetze dich jetzt einmal in die Situation von Eva.

Überlege, welche weiteren Argumente sie vorbringen könnte, um ihre Mutter davon zu überzeugen, dass 10 € Taschengeld im Monat nicht reichen. Mache aus dem folgenden Satzanfang durch Ankreuzen passender Fortsetzungen richtige Argumente.

Ich hätte gern mehr Taschengeld, weil ...
- ☐ ich beim deutschen Kinderschutzbund die Empfehlungen für die Höhe des Taschengeldes gelesen habe. Danach bekomme ich zu wenig Geld.
- ☐ Jacqueline, Paul und Tim immer häufiger ohne mich ins Kino gehen. Ich kann mir nur einen Kinobesuch pro Monat leisten.
- ☐ 10 € im Monat für mich einfach nicht reichen.
- ☐ ich das will.
- ☐ alle anderen das auch kriegen.

- ich befürchte, dass ich demnächst nicht mehr mit zu der Clique gehöre, wenn ich immer sagen muss, dass ich nicht mitkomme.
- ich dann mehr Entscheidungen treffen kann und so besser lerne, mit Geld umzugehen.
- alles teuer ist.
- es mich nervt, jeden Euro umzudrehen.
- ich im Haushalt so viel mithelfe.
- Anne, als sie so alt wie ich war, das Doppelte bekommen hat.
- Kinder mit ihren Einkäufen die Wirtschaft ankurbeln.

TIPPS UND INFOS | **Beispiele nennen**

Noch wirkungsvoller und überzeugender werden Argumente, wenn man sie durch treffende Beispiele unterstützt, so wie in dem folgenden Satz.

Eva sagt: Mir reichen 10 € Taschengeld im Monat nicht. Wenn ich mehr Geld hätte, könnte ich mehr Entscheidungen selbst treffen und würde besser lernen, mit Geld umzugehen. *Ich könnte dann z. B. auch meine Kleidung selbst kaufen, dann müsste ich genau überlegen, wie viel ich im Monat wofür ausgeben kann.*

7 Füge jetzt deinen Argumenten (aus der letzten Übung) entsprechende Beispiele an, die diese noch lebendiger und treffender werden lassen.

Schreibe dafür auch das Argument (wie im Beispiel oben) noch einmal auf.
Schreibe in dein Heft.

TIPPS UND INFOS | **Argumente und Gegenargumente**

In einem Gespräch zwischen zwei oder mehr Gesprächspartnern folgt häufig auf ein Argument ein Gegenargument, das heißt, auf die Meinung einer Person folgt die Gegenmeinung einer anderen Person. So hast du es auch in dem Gespräch zwischen Eva und ihrer Mutter kennengelernt.

- **Möchtest du dich auf ein Gespräch vorbereiten,** bei dem du weißt, dass dein Gesprächspartner „eine harte Nuss" ist, also schwer zu überzeugen sein wird, macht es Sinn, dass du dir vorher für die eigene Position **gute Argumente und stimmige Beispiele überlegst (pro).**
- Denke aber auch darüber nach, was deine **Gesprächspartner für Gegenargumente (kontra) nennen könnten** und wie du sie entkräften kannst.

8 Stell dir vor, deine Klasse plant eine Klassenfahrt und dein Klassenlehrer macht den Vorschlag, zum Wandern in ein nahe gelegenes Mittelgebirge zu fahren.

Deine Mitschüler und auch du finden die Idee blöd, weil ihr keine Lust zum Wandern habt. Ihr wollt lieber etwas Aufregendes erleben und habt die Idee, eine Klassenfahrt nach Mallorca zu machen. Da du der Klassensprecher/die Klassensprecherin bist, sollst du euren Lehrer überzeugen.

- ▷ Um dich vorzubereiten, sammle zunächst Argumente, die für eine Klassenreise nach Mallorca sprechen.
- ▷ Überlege dir Beispiele, mit denen du deine Argumente unterstützen kannst, und denke auch darüber nach, welche Argumente dein Lehrer eurer Idee entgegensetzen könnte.
- ▷ Übertrage die Tabelle in dein Heft und ergänze sie mit weiteren Argumenten.

	Argument (pro)	Gegenargument (kontra)
Argument	Auf Mallorca lernen wir eine andere Sprache kennen.	Wir müssten mit dem Flugzeug reisen, das ist viel zu teuer.
Beispiel	Spanisch wird in den oberen Klassen als AG angeboten, so bekommen wir einen ersten Eindruck von dieser Sprache.	Manche Eltern haben so schon Probleme, den Reisepreis zu bezahlen.
Argument	Wir haben doch eine Klassenkasse.	
Beispiel	Wir könnten vorher Geld ansparen oder beim Stadtfest etwas verkaufen, wobei der Erlös in die Klassenkasse kommt.	
Argument		
Beispiel		

TIPPS UND INFOS Die Argumentationskette

Anhand der Pfeile in der Tabelle auf Seite 29 siehst du, dass man **Argumente direkt aufeinander beziehen** kann. Man kann sie unterstützen oder auch widerlegen (man sagt auch entkräften).

Wichtig ist in einem Gespräch und auch in einer schriftlichen Stellungnahme die **sprachliche Verbindung zwischen einzelnen Argumenten**. Durch eine gelungene Verbindung kann man eine ganze Argumentationskette aufbauen.

BEISPIEL

Sprachliche Überleitungen von einem Argument zum nächsten können sein:
- Aus diesem Grund ...
- Ein weiterer Grund für ... ist ...
- Deshalb denke ich, dass ...
- Das sehe ich ja ein, aber ...
- Außerdem ...
- Wenn man berücksichtigt, dass ...
- Außerdem ist es wichtig, dass ...
- Wenn Sie sagen, dass ..., müssen Sie aber auch bedenken, dass ...

9 Du hast in diesem Kapitel zwei Themen kennengelernt, zu denen sich gut eine Argumentationskette erstellen lässt (Taschengelderhöhung und Klassenreise).

Entscheide dich jetzt für eines dieser beiden Themen und versuche, in schriftlicher Form eine Argumentationskette zu formulieren.
Schreibe entweder stellvertretend für Eva einen Brief an die Mutter oder im Namen deiner Klasse an den Klassenlehrer.

Dabei solltest du
- die Argumente der Gegenseite berücksichtigen, die du mit deinen Argumenten, Beispielen und natürlich sprachlichen Überleitungen entkräften kannst;
- die gesamten Vorarbeiten dieses Kapitels in deine Arbeit einbeziehen.

Wenn du den Text fertig hast, überarbeite ihn noch einmal. Schau dir dazu zunächst die folgenden Seiten an und arbeite dann mit der Checkliste von Seite 31 / 32.

1.5 Texte überarbeiten und verbessern

TIPPS UND INFOS Checkliste: Aufsatzkontrolle

- Im Unterricht habt ihr wahrscheinlich schon häufiger **Schreibkonferenzen** durchgeführt, nachdem ihr Texte geschrieben habt, z. B. als Hausaufgabe. Ihr habt euch dafür **zu zweit oder in einer Gruppe** zusammengesetzt und euch entweder eure Texte gegenseitig vorgelesen und sie dann gemeinsam besprochen und korrigiert oder die Hefte untereinander getauscht und eure Texte gegenseitig Korrektur gelesen und sie mit helfenden Anmerkungen versehen.
- Um bei Hausaufgaben und Klassenarbeiten **selbst** erkennen zu können, ob dein Text gelungen ist oder was du verbessern könntest (oder müsstest), ist es hilfreich, mit einer Checkliste zu arbeiten. Sie hilft dir, dich bei der Korrektur an alle wichtigen Punkte zu erinnern. So kann sie aussehen:

	Dies ist in meinem Aufsatz ...		
Merkmal	gut gelungen.	teilweise gelungen.	gar nicht gelungen.
Habe ich die typischen Merkmale der Aufsatzform berücksichtigt?			
Sind alle Sätze vollständig und fehlen keine Wörter?			
Sind alle Sätze grammatisch verständlich und sind keine „Dreher" in der Reihenfolge der Wörter vorhanden?			
Habe ich keine zu langen „Bandwurmsätze" gebildet?			
Ist der sprachliche Ausdruck dem Aufsatz angemessen (habe ich nicht zu umgangsprachlich formuliert)?			
Habe ich nicht nur kurze Hauptsätze aneinandergereiht?			
Bin ich bei einer einheitlichen (und der richtigen) Zeitform geblieben?			

Merkmal	Dies ist in meinem Aufsatz ...		
	gut gelungen.	teilweise gelungen.	gar nicht gelungen.
Habe ich die Rechtschreibung (auch mit dem Wörterbuch) kontrolliert?			

Tipps zur Rechtschreibkontrolle findest du auch in dem Kapitel 4.3 „Rechtschreibfehler finden und korrigieren“ ab Seite 103.

1 In dem folgenden Schülertext geht es um die Ballade „Der Zauberlehrling“.

Lies zunächst die Ballade auf den Seiten 54/55 genau durch.
Schau dir danach den folgenden Schüleraufsatz an und bearbeite die darunterstehenden Übungen.

Das Aufsatzthema lautete: „Versetze dich in die Lage des Lehrlings, der nach Jahren seiner eigenen Ausbildung selbst ein Zaubermeister geworden ist und das damalige Ereignis mit dem Besen jetzt seinem Lehrling erzählt. Berücksichtige besonders die Gedanken und Gefühle des ehemaligen Lehrlings.“

Korrekturen	
Anrede/ *habe/( )*	**Hey**, Lehrling, ich **hab** da ein spannendes Erlebnis **auf Lager**, was ich dir jetzt **unbedingt** erzählen muss. Also, pass auf, als ich damals selber noch ein Lehrling war, sollte ich für meinen Meister den Fußboden schrubben, dafür sollte ich **wasser** holen, dazu hatte ich natürlich keine Lust, deshalb wartete ich darauf, dass der Meister einmal weggegangen war, und außerdem wollte ich auch mal etwas alleine zaubern, schließlich war ich shon länger in der ausbildung und darum hab ich dann den Zaubersprch aufgesagt und tatsächlich bewegte sich der Besen und fing an Wasser zu holen zu holen. Du kannst dir nicht vorstellen, wie sehr ich mich gefreut habe – ich war so stolz auf mich. Immer mehr Wasser holte der Besen, er hörte gar nicht wieder auf und ich guckte mir dieses Schauspiel eine ganze Weile amüsiert zu, doch

	irgendwann Weile amüsiert zu, doch irgendwann reichte es mit dem Wasser und ich wollte den Besen stoppen, und da merkte ich, dass ich den Spruch gar nicht mehr wusste, der den Besen wieder in einen echten Besen verwandelte. Ich bekam Panik, weil ich dachte, dass in dem Haus alles ersaufen müsste. Aus Panik und Angst schmiss ich mich einfach auf den Besen und schluk ihn mit einem Beil in zwei Teile, aber anstatt dass der Besen aufhörte, liefen nun beide teile zum Fluss und holten doppelt so viel Wasser. Ich war wütend und hatte tierischen Schiss vor meinem Meister, weil mit dem echt nicht zu spaßen war. Es war hoffnungslos, ich versuchte mehrere Zaubersprüche, aber keiner gelinkte, so kam es zu einem Hilferuf, den ich aus Panik ausstieß, und mein Meister kam sofort zu Hilfe und er handelte blitzschnell und er sagte den Zauberspruch, den ich eigentlich hätte sagen sollen. Sofort war der Besen wieder der Alte, doch der Hexenmeister war enttäuscht, dass ich zu faul war, das Wasser vom Fluss zu holen. Ich hab so einen riesen Schreck bekommen, das mache ich lieber nicht noch mal, hab ich mir dann gedacht.

Du siehst, dass in diesem Aufsatz nicht alles geglückt ist.

1. Nimm jetzt bitte deine Checkliste und verschaffe dir als Erstes einen konkreteren Überblick über die geglückten und missglückten Bereiche des Aufsatzes.
2. Schreibe die Korrekturen zunächst direkt neben den Text in die Korrekturspalte (wie im Beispiel gezeigt).
3. Überarbeite den Text komplett und schreibe den Aufsatz so um, dass er sprachlich gut klingt und fehlerfrei ist. Schreibe in dein Heft.

Test

1 Überarbeite die Backanleitung für Vanillekipferl.

Folgende Arbeitsschritte können dir dabei helfen.
- Streiche alle Textstellen durch, die dir unsachlich und nicht notwendig erscheinen.
- Suche Verben, Adjektive und Substantive heraus, die du nicht passend findest, und ersetze sie durch treffendere.
- Ersetze Wortwiederholungen durch andere Formulierungen.

Schreibe nun eine verbesserte Backanleitung in dein Heft, die auch jemand versteht, der noch nie Vanillekipferl gebacken hat.

Vanillekipferl
Zuerst muss man das Mehl, davon brauchst du 350 Gramm, mit einem halben Löffel Backpulver zusammentun. Ich meine natürlich einen Teelöffel und keinen Esslöffel. Dann musst du die aufgeweichte Butter (250 Gramm) in kleine Stückchen schneiden und auf dem Mehl verteilen.

Dann werden die Vanillestangen mit dem Messer längs aufgemacht. Das ist nicht so einfach, pass bloß auf, dass du dich dabei nicht verletzt. Danach kratzt du dann das Mark heraus. Du kannst aber auch einfach ein Päckchen Vanillezucker dazu nehmen, das erspart dir ein bisschen mühsame Arbeit. Ich finde aber, mit richtigem Vanillemark schmecken die Kipferl tausendmal besser.

Bevor du dann anfängst, das ganze Zeug zu kneten, musst du noch 100 Gramm Zucker, 50 Gramm zermalmte Haselnüsse, die kannst du fertig im Supermarkt kaufen, 1 Ei, natürlich roh und nicht gekocht, und ein ganz klein bisschen Salz dazutun.

Und jetzt wird es kompliziert. Man muss von der Teigrolle immer gleich große Stücke abmachen, die sechs Zentimeter lang sind. Vorher muss die ganze Masse richtig durchgeknetet werden (das ist immer eine große Matscherei, bei der mein kleiner Bruder besonders viel Spaß hat) und zu Rollen geformt werden, einen Zentimeter Durchmesser sollten die Rollen haben.

Wie gesagt, dann zerstückeln und die kurzen Stücke noch mal platt rollen. Wenn du das richtig machst, laufen die Enden irgendwann spitz zu. Dann bist du fertig mit Ausrollen. Dann werden die kleinen Stücke zu Kipferl zurechtgebogen, du weißt ja, so wie ein Sichelmond. Bei 175 Grad müssen die Kipferl dann gebacken werden, aber ja nicht zu lange, sonst werden sie hart und trocken oder brennen sogar an. 15 bis 20 Minuten reichen völlig.

Ach ja, den Backofen solltest du schon vorher angemacht haben und die Kipferl solltest du zum Backen auf so ein besonderes Papier legen, du weißt schon, was ich meine.

Wenn alles fertig ist, kannst du noch etwas Puderzucker mit Vanillezucker mischen und das zusammen über die Kipferl gießen, am besten, wenn sie noch heiß sind, dann schmecken sie am leckersten.

2 Hier erhältst du noch zusätzliche Informationen über die Rolle und das Auftreten der Weißen Hexe im Buch bzw. Film.

Vervollständige die Personenbeschreibung der Weißen Hexe, die du auf den Seiten 19 und 20 begonnen hast, mit den Informationen, die du auf dieser Seite erhältst.

- *verkörpert das Böse*
- *kalte Eleganz spiegelt Kälte in ihrem Herzen wider*
- *Schreckensherrschaft mit ewigem Winter und ohne Weihnachten*
- *unterhält Legionen von Wölfen und Monstern*
- *eiskalter Terror*
- *schön, unnahbar*

- *kaltherzig, grausam, gefühllos*
- *versteinert ihre Gegner*
- *will die vier Geschwister, die ihre Herrschaft gefährden könnten, vernichten*
- *kämpft mit allen Mitteln*
- *schreckt vor nichts zurück*
- *zieht Edmund in ihren Bann und benutzt ihn*

So kannst du die Personenbeschreibung fortsetzen:
Die Weiße Hexe strahlt eine kalte Eleganz aus, in der sich die Kälte ...

3 Du hast in diesem Kapitel gelernt, wie man den eigenen Standpunkt so vertritt, dass der eigene Wunsch oder die Meinung, die hinter diesem Standpunkt steht, auch Aussicht auf Erfolg hat.

Teste jetzt noch einmal, ob du auch wirklich alles behalten und verstanden hast. Kreuze die richtige Antwort an.

Eine These ist
- ☐ eine Aussage, die keinen Widerspruch duldet.
- ☐ eine Frage, auf die man keine Antwort weiß.
- ☐ eine Behauptung, die nicht stichhaltig und nicht begründet ist.

Bei der Aussage „Morgen wird das Wetter schön“ handelt es sich um
- ☐ eine These.
- ☐ ein Argument.

Ein Argument setzt sich zusammen aus
- ☐ einer Behauptung (= These) und einer Begründung.
- ☐ einer Aussage und einer Gegenmeinung.
- ☐ einem Ausruf und einer These.

Argumente werden stichhaltiger, wenn man sie unterstützt durch
- ☐ Fragen.
- ☐ Beispiele.
- ☐ Ratschläge.

Die Verknüpfung mehrerer Argumente bezeichnet man als
- ☐ Argumentationsuhr.
- ☐ Argumentationsverschluss.
- ☐ Argumentationskette.

Möchte ich meinen Standpunkt wirkungsvoll vertreten, überlege ich mir
- ☐ Pro- und Kontra-Argumente.
- ☐ Fragen an meinen Gesprächspartner.
- ☐ gar nichts, ich warte ab, wie sich das Gespräch entwickelt.

Wenn du alle Fragen beantwortet hast, solltest du jetzt dein Ergebnis mit dem Lösungsheft kontrollieren.
Hast du alle Fragen richtig beantwortet? – Gratuliere – das hast du gut gemacht!

Hast du mehr als eine Frage falsch beantwortet? – Dann solltest du dir dieses Kapitel und besonders die Stellen, die dir Probleme bereiten, noch einmal gründlich ansehen, denn wenn du diese Fragen zu der Theorie und den Fachbegriffen nicht beantworten kannst, wird es dir wahrscheinlich auch nicht gelingen, eine wirkungsvolle Argumentationskette aufzubauen.

2 Texte lesen und verstehen

Das musst du am Ende der Klasse 7 können:

- Texte lesen und richtig verstehen
- Informationen aus Texten entnehmen
- Diagramme und Schaubilder beschreiben und verstehen
- Die Textsorte Ballade anhand typischer Merkmale erkennen
- Einen literarischen Text durch Fragen erschließen
- Charaktere und Verhaltensweisen literarischer Figuren beschreiben
- Gebräuchliche Reimschemata erkennen und benennen
- Einen Text fantasievoll verändern oder fortsetzen

2.1 Sachtexte und Diagramme

Kennst du folgende Situation? Du sollst zu Hause einen Text lesen und ihn so zusammenfassen, dass du am nächsten Tag deine Klassenkameraden und deinen Lehrer darüber informieren kannst.
Na klar, das hat wohl schon jeder erlebt, nicht nur im Fach Deutsch. In den meisten Fächern muss man Texte lesen und natürlich auch verstehen können.

TIPPS UND INFOS | **Sachtexte – sprachliche Merkmale**

Sachtexte informieren über einen bestimmten Sachverhalt.
Sachtexte sind z. B.:

- Lexikonartikel,
- Zeitungstexte,
- Schulbuchtexte,
- Sachbuchtexte.

Sprachliche Merkmale von Sachtexten:

- Sie sind sachlich und knapp formuliert.
- Sie enthalten keine Spannungselemente oder Gefühlsäußerungen.
- Sie beinhalten keine persönliche Meinung des Autors (bis auf wenige Ausnahmen).

1 Überfliege den folgenden Sachtext. Verschaffe dir zunächst einen Überblick, worum es in dem Text geht.

Schau jetzt bitte auf die Uhr: Für das Überfliegen des Textes solltest du nicht mehr als 30 Sekunden benötigen.

Elefanten in Gefahr

Die in Afrika und Asien beheimateten Elefanten sind bereits seit vielen Jahren in großer Gefahr und in Zukunft eventuell sogar vom Aussterben bedroht, weil sie ein wertvolles Handelsgut produzieren und bei sich tragen - Elfenbein.
Elefanten sind die größten noch lebenden Landtiere, deren besonderes Kennzeichen der stark ausgeprägte und sehr funktionale Rüssel ist. Schaut man in der Evolution des Tieres weit zurück, so stellte der Rüssel ursprünglich eine verlängerte Nase dieses Tieres dar, der den damals auch im Sumpf lebenden Tieren auch als Schnorchel diente. Später entwickelten sich in dem Rüssel unzählige Muskeln, die der Elefant bis heute zum Greifen bei der Futteraufnahme und zum Ansaugen und Abstoßen von Wasser beim Trinken gebraucht. Etwa zehn Liter Wasser kann ein ausgewachsener Elefant in seinen Rüssel aufnehmen.
Ein weiteres besonderes Kennzeichen der Elefanten sind die stark ausgeprägten Stoßzähne, die sie zum Entrinden von Bäumen und auch als Waffe gegen Feinde einsetzen können.
Der Elefant ist ein typisches Herdentier, das man in den Weiten Afrikas und Asiens nur selten allein antrifft. Da es verschiedene Arten von Elefanten gibt, kann das Körpergewicht zwischen zwei Tonnen und fünf Tonnen variieren, während ein Elefantenbaby bei der Geburt etwa 100 Kilogramm wiegt. Die Schultergröße eines ausgewachsenen Elefanten liegt bei etwa vier Metern.
Bemerkenswert ist der - dieser Größe und dem Gewicht entsprechende - Futterbedarf. So braucht der Elefant täglich bis zu 200 Kilogramm Nahrung, wobei das Futter ausschließlich aus Pflanzen, also Blättern, Früchten und Zweigen, besteht. In den Steppen Afrikas kann sich der Elefant sogar von trockenen Ästen und Dornengestrüpp ernähren. Zu der festen Nahrung nimmt der Pflanzenfresser pro Tag 70 bis 100 Liter Wasser zu sich.
Dass Elfenbein, das Material, aus dem die Schneidezähne der Elefanten sind, ein wertvolles Handelsgut ist, wussten schon die alten Griechen. Elfenbein wird z. B. zur Herstellung von Schmuck, Kunstgegenständen oder Gebrauchsgütern wie hochwertigen Klaviertastaturen benutzt. Allein in den letzten zehn Jahren wurden 650 000 Elefanten wegen des Elfenbeins getötet. Auch wenn heute der Elfenbeinhandel zum Schutz der Elefanten gesetzlich verboten ist, schrecken dennoch Wilderer vor dem Töten dieser Tiere nicht zurück. Werden sie bei der unerlaubten Jagd gefasst, müssen sie mit erheblichen Strafen rechnen.

2 **Nach dem ersten Überfliegen des Textes solltest du sagen können, worum es in diesem Text in der Hauptsache geht.**

In diesem Text geht es um

.

TIPPS UND INFOS **Überblick verschaffen**

Hiermit hast du schon eine erste wichtige Regel für das Erschließen eines Sachtextes kennengelernt:
Verschaffe dir zunächst einen Überblick darüber, worum es in dem Text geht!

3 **Lies nun den Text ein zweites Mal gründlich durch und versuche mit einem Bleistift *Sinnabschnitte* zu markieren.**

Unterstreiche gleichzeitig alle *Schlüsselbegriffe* im Text.

Die ersten Schlüsselbegriffe, die du unterstreichen solltest, sind:

Afrika *Asien* *Elefanten* *Gefahr*

TIPPS UND INFOS **Schlüsselbegriffe**

Schlüsselbegriffe sind Wörter, die – wie ein Schlüssel – die Tür zum Verständnis eines Textes öffnen.
Beim gründlichen zweiten Lesen liest du den Text noch einmal langsam durch. Dann hast du genügend Zeit, die Schlüsselbegriffe zu entdecken, zu unterstreichen oder zu umkreisen.

4 **Finde anschließend zu jedem Sinnabschnitt eine passende Überschrift.**

Schreibe diese mit Zeilenangabe der Sinnabschnitte in dein Heft.

TIPPS UND INFOS **Sachtexte richtig verstehen**

möchte ich einen sachtext richtig verstehen und mir alle wichtigen inhalte merken können, muss ich fünf schritte beachten:

1. zunächst überfliege ich den text, damit ich weiß, was mich erwartet und auf welchen inhalt ich mich einstellen muss.
2. anschließend schaue ich mir den text ein zweites mal an und lese ihn gründlich, markiere sinnabschnitte und finde zwischenüberschriften.
3. während des lesens markiere ich außerdem schlüsselbegriffe. zusätzlich zu den schlüsselbegriffen sollte ich mit einem anderen farbstift auch noch weitere textstellen markieren, die mir wichtig erscheinen. wenn nötig, muss ich den text dafür auch ein drittes mal lesen.
4. anhand der w-fragen kann ich überprüfen, ob ich den text verstanden habe. gelingt mir dies, ist es für mich nicht schwer, den text zusammenzufassen.
5. möchte ich mich noch weiter mit dem thema beschäftigen, ist es sinnvoll, wenn ich mir weiterführende fragen stelle. damit kann ich mich auch auf den unterricht vorbereiten, wenn ich den text zu hause für den nächsten tag vorbereite. ich überlege mir dann, welche fragen mein lehrer wohl stellen könnte.

5 **Sicher hast du bemerkt, dass die Sätze im Merkkasten nicht in der korrekten Groß- und Kleinschreibung geschrieben wurden.**

Schreibe sie jetzt in dein Heft ab und beachte dabei alle Regeln der Groß- und Kleinschreibung, z. B. Satzanfänge und Substantivierungen. Die Regeln zur Groß- und Kleinschreibung kannst du noch mal ab Seite 90 nachlesen.

Beginne so:
Möchte ich einen Sachtext ...

6 **Nachdem du nun alle fünf wichtigen Schritte für das Erschließen eines Textes kennengelernt hast, solltest du den Text über die Elefanten weiter bearbeiten.**

Markiere zusätzlich zu den Schlüsselbegriffen weitere Textstellen, die für eine spätere Zusammenfassung wichtig sind.

7 **Beantworte die typischen W-Fragen.**

Schreibe die Antworten in dein Heft.

1. **Wer** handelt bzw. **von wem** handelt der Text?
2. **Wo** spielt sich das Beschriebene ab?
3. **Was** geschieht (mit den Elefanten)?
4. **Warum** gerieten die Elefanten in den letzten Jahrzehnten zunehmend in Gefahr?
5. Mit **welcher Folge** werden die Elefanten gejagt und getötet?

Sicher findest du selbst noch weitere interessante und sinnvolle W-Fragen, die du auch beantworten kannst.

TIPPS UND INFOS **Fragen zu Textabschnitten**

Anhand dieser wenigen W-Fragen siehst du, dass es sich anbietet, Fragen auch zu einzelnen Textabschnitten zu stellen. W-Fragen müssen (und können) sich nicht immer auf einen ganzen Text beziehen.

8 **Sieh dir nun das Diagramm an und bearbeite anschließend die Übungen auf der nächsten Seite.**

In Afrika lebende Elefanten:

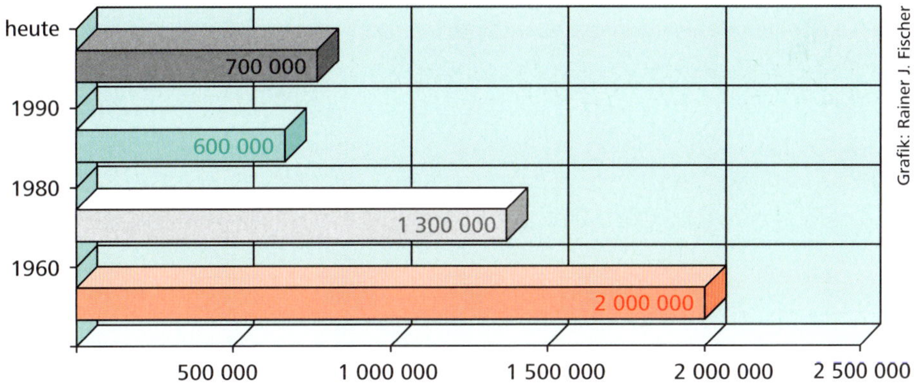

1. Kreuze an.

Das Diagramm gibt Auskunft über ...

... die Zahl der noch lebenden Elefanten in Asien.

... die Entwicklung der Elefantenbestände in Afrika.

... die Anzahl der Elfenbeinwilderer.

Gib eine kurze Begründung für deine Entscheidung.

2. Findet sich der Inhalt des Diagramms deiner Meinung nach in dem Sachtext „Elefanten in Gefahr“ wieder?

ja nein

Wenn du dich für die Antwort „ja“ entschieden hast:

Ich erkenne einen sinngemäßen Zusammenhang zwischen Diagramm und Text.

Ich erkenne einen wörtlichen Zusammenhang zwischen Diagramm und Text.

Gib eine kurze Begründung für deine Entscheidung.

In welchen Sinnabschnitten findest du entsprechende Aussagen?

3. Vervollständige den folgenden Satz (mehrere Antworten sind möglich).

Ein Diagramm stellt eine sinnvolle Ergänzung zu einem Sachtext dar, weil …

… es Zahlen, die die Textaussage unterstützen, sehr übersichtlich darstellt;

… Fakten, die auf Zahlen basieren, in Form eines Diagramms einprägsamer sind;

… der Inhalt des gelesenen Textes durch das Betrachten des Diagramms noch einmal in Erinnerung gerufen wird.

2.2 Balladen

TIPPS UND INFOS | **Merkmale lyrischer Texte**

Lyrik ist in der Fachsprache der Oberbegriff für Gedichte.

- Gedichte unterscheiden sich von anderen Textarten durch ihre Sprache und Form, in der Regel lassen sie ein **Reimschema** erkennen.
- Die einzelne Zeile im Gedicht bezeichnet man als **Vers.**
- Mehrere Verse zusammen bilden eine **Strophe.**
- Werden ein oder mehrere Verse eines Gedichtes regelmäßig wiederholt, so spricht man von einem **Refrain.**

DAS MUSST DU WISSEN Das Reimschema

In Gedichten gibt es folgende Reimschemata, die zu den besonderen sprachlichen Mitteln der Lyrik zählen:

Paarreim

Beispiel:	*Auf dem Baum ein Vogel saß*	*a*
	Mit Genuss den Knödel fraß	*a*
	Konnte leider kaum noch fliegen	*b*
	Musste zum Verdauen liegen	*b*

Kreuzreim

Beispiel:	*Auf dem Baum ein Vogel saß*	*a*
	Konnte leider kaum noch fliegen	*b*
	Mit Genuss den Knödel fraß	*a*
	Musste zum Verdauen liegen	*b*

Umschließender Reim (Umarmender Reim)

Beispiel:	*Auf dem Baum ein Vogel saß*	*a*
	Konnte leider kaum noch fliegen	*b*
	Musste zum Verdauen liegen	*b*
	Er doch einen Knödel fraß	*a*

Binnenreim

Beispiel: Auf dem Baum ein Vogel **saß** und **fraß**.

1 **Der folgende Sachtext erklärt dir, was Balladen sind und woher sie stammen.**

Lies die Informationen zunächst genau.

Balladen

Eine Ballade ist eine besondere Form des Gedichtes. Sie erzählt meist eine Geschichte mit einem spannenden und dramatischen Höhepunkt. In der Ballade kommt häufig wörtliche Rede vor, das heißt, die Hauptfiguren sprechen miteinander, deshalb würde sich die Ballade auch gut für das Vortragen auf einer Theaterbühne eignen. Aus diesem Grund ist die Ballade eine Mischform aus Gedicht (in der Fachsprache als Lyrik bezeichnet), Erzählung (in der Fachsprache auch als Epik bezeichnet) und einem Theaterstück mit einem dramatischen Verlauf und einem tragischen Ende (in der Fachsprache auch als Dramatik bezeichnet).

Der Begriff Ballade stammt ursprünglich aus dem Italienischen (= balada) und bedeutet wörtlich übersetzt „Tanzlied“. Bereits seit dem 12. Jahrhundert kennt man die Ballade, eine zunächst gesungene Form, die seit dem 16./17. Jahrhundert in der Regel schauerliche Ereignisse, sogenannte „Moritaten“ (= Mordtaten), erzählte. Seit dem 18. Jahrhundert erfreuten sich die Balladen auch in Deutschland zunehmender Beliebtheit. So verfassten viele bekannte deutsche Schriftsteller Balladen, wie z. B. Johann Wolfgang von Goethe oder Friedrich Schiller.
Moderne Balladen erzählen allerdings auch von anderen Begebenheiten, dramatische Elemente müssen heute also nicht mehr zwingend in einer Ballade zu finden sein.
Balladen kommen häufig auch in der Musik vor.

2 Decke jetzt den oberen Text ab und vervollständige die folgenden Sätze.

Erst wenn du gar nicht weiterkommst, kannst du den Sachtext zu Hilfe nehmen.

Der Begriff Ballade stammt ursprünglich aus dem ______________ und bedeutet übersetzt so viel wie „______________“.

Man kennt die Ballade bereits seit dem ______________ Jahrhundert.

Seit dem 16./17. Jahrhundert erzählt sie in der Regel ______________ ______________, sogenannte „______________“ (= Mordtaten).

Auch heute kennt man noch viele Balladen von bekannten Schriftstellern des 18. und 19. Jahrhunderts, z. B. von ______________ und ______________ ______________.

Die Ballade ist eine Form des ______________, die eine spannende ______________ erzählt.

Weil sich häufig Personen unterhalten, würde sie sich auch für die Aufführung in einem ______________ eignen.

Die „Fachbegriffe“ für die drei Elemente der Ballade heißen: ______________, ______________ und ______________.

3 **Die Ballade „Nis Randers“, die du gleich lesen wirst, wurde von dem deutschen Schriftsteller Otto Ernst verfasst und im Jahr 1907 veröffentlicht.**

Zunächst wirst du dich mit einem Auszug (den Strophen 1 bis 10) beschäftigen. Lies diese Strophen einmal ganz durch und versuche den Inhalt zu verstehen. Die kursiv gedruckten Wörter sind unter der Ballade erklärt.

Nis Randers *von Otto Ernst*

Krachen und Heulen und berstende Nacht,
Dunkel und Flammen in rasender Jagd –
Ein Schrei durch die Brandung!

Und brennt der Himmel, so sieht man's gut:
Ein *Wrack* auf der Sandbank! Noch wiegt es die Flut!
Gleich holt sich's der Abgrund.

Nis Randers *lugt* – und ohne Hast
Spricht er: „Da hängt noch ein Mann im Mast!
Wir müssen ihn holen.“

Da fasst ihn die Mutter: „Du steigst mir nicht ein!
Dich will ich behalten, du bliebst mir allein,
Ich will's, deine Mutter!

Dein Vater ging unter und Momme, mein Sohn;
Drei Jahre verschollen ist Uwe schon,
mein Uwe, mein Uwe!“

Nis tritt auf die Brücke. Die Mutter ihm nach!
Er weist nach dem Wrack und spricht *gemach:*
„Und seine Mutter?“

Nun springt er ins Boot und mit ihm noch sechs:
Hohes, hartes Friesengewächs!
Schon sausen die Ruder.

Boot oben, Boot unten, ein Höllentanz!
Nun muss es zerschmettern! – Nein: es blieb ganz! –
Wie lange? Wie lange?

Mit feurigen *Geißeln* peitscht das Meer
Die menschenfressenden Rosse daher;
Sie schnauben und schäumen.

Wie *hechelnde* Hast sie zusammenzwingt!
Eins auf den Rücken des anderen springt
Mit stampfenden Hufen!

Drei Wetter zusammen! Nun brennt die Welt! [...]

Wrack: gestrandetes Schiff
lugen: scharf Ausschau halten
gemach: langsam
Geißel: Peitsche
hecheln: heftig atmen

4 Bearbeite jetzt zum besseren Textverständnis folgende Übungen nacheinander.

1. Mache dir beim zweiten Lesen Notizen zu jeder Strophe, indem du in Stichpunkten aufschreibst, worum es in der jeweiligen Strophe geht. Schreibe auf die Zeilen neben dem Text.
2. Man kann diese Ballade in Sinnabschnitte einteilen, da verschiedene Strophen inhaltlich eng zusammengehören. Markiere solche Sinnabschnitte und begründe deine Entscheidung, indem du notierst, worum es in jedem Sinnabschnitt geht. Schreibe in dein Heft.

3. In der Ballade kommen einige Ausdrücke vor, die man aus dem Zusammenhang heraus erklären muss. Bei diesen Ausdrücken, die so im „normalen“ und alltäglichen Sprachgebrauch eigentlich nicht vorkommen, spricht man von **sprachlichen Bildern** (in der Fachsprache **Metaphern**).

   Was bedeutet

   - in Strophe 2: „brennt der Himmel“?

   - in Strophe 7: „hohes, hartes Friesengewächs“?

   - in Strophe 9: „die menschenfressenden Rosse“?

4. Warum benutzt der Autor Otto Ernst deiner Meinung nach diese Metaphern? Beschreibe, wie sie auf dich wirken und wie sie die Wirkung der Ballade beeinflussen. Schreibe die Antwort in dein Heft.
5. In der Ballade kommen zwei Hauptpersonen mit sehr unterschiedlichen Charakteren vor. Zeichne die folgende Tabelle in dein Heft und ergänze sie mit Charaktereigenschaften, die die Mutter und ihren Sohn Nis Randers beschreiben.

Mutter	Nis Randers

6. Anhand der Tabelle wirst du erkennen, dass die Mutter sehr besorgt um ihren Sohn ist. Wie versucht Nis Randers, sie umzustimmen, sodass sie der Rettungsaktion doch zustimmt? Nenne den entsprechenden Satz aus der Ballade.

7. Die Natur spielt in dieser Ballade eine besondere Rolle. Es wird ein heftiges Unwetter beschrieben, bei dem ein Schiff zu sinken droht. Suche aus dem Text mindestens fünf Beschreibungen der Natur und des Unwetters heraus.

BEISPIEL

„Krachen und Heulen und berstende Nacht“

1.
2.
3.
4.
5.

8. Du hast jetzt die drei wichtigen Pole dieser Ballade kennengelernt: Nis Randers, seine Mutter und die Natur.
Welche unterschiedlichen Positionen stellen sie innerhalb des Textes dar?
Verbinde jeweils einen Begriff der linken Seite mit einer Eigenschaft der rechten Seite.

Nis Randers	gewaltig
Mutter	mutig
Natur	besorgt

Suche zu jedem Begriff drei weitere passende Adjektive.

TIPPS UND INFOS | **Eine Ballade erschließen**

Wenn du eigenständig eine Ballade verstehen möchtest, kannst du dabei immer in ähnlicher Weise vorgehen:

- Fasse den Inhalt jeder Strophe stichpunktartig zusammen.
- Suche Sinnabschnitte.
- Suche Metaphern (= sprachliche Bilder) und erkläre sie.
- Stelle die besonderen Eigenschaften der Hauptpersonen heraus.
- Mache dir die Bedeutung des Umfeldes klar.
- Frage dich, worin die Dramatik des Textes liegt.
- Schreibe nach der Beantwortung aller Fragen eine Inhaltsangabe.

5 Zu Beginn dieses Kapitels hast du unterschiedliche Reimschemata kennengelernt bzw. diese wiederholt.

Untersuche jetzt die Ballade „Nis Randers“. Welches Reimschema kannst du erkennen? Versieh die einzelnen Strophen mit entsprechenden Buchstaben.

Auch wenn hier jede Strophe „nur“ drei Verse hat, erkenne ich in den jeweils ersten zwei Versen das Reimschema:

6 Mit dem ersten Vers der 11. Strophe endet die Ballade „Nis Randers“ auf Seite 47.

Wie könnte die Geschichte ausgehen? Finde einen passenden Schluss. Achte darauf, dass dein Schluss inhaltlich zu den anderen Strophen passt.

Du kannst deinen Schluss entweder in gereimter Form fortsetzen oder, wenn dir das Reimen zu schwer fällt, eine Erzählung daraus machen.
Dein Ende kannst du auf Seite 52 mit dem Originalschluss von Otto Ernst vergleichen.

7 Zu Beginn dieses Kapitels hast du gelernt, woran man eine Ballade erkennen kann.

Beweise jetzt anhand der Merkmale, dass „Nis Randers“ eine Ballade ist.

Beginne so:
Bei dem Text „Nis Randers“ von Otto Ernst handelt es sich um eine Ballade, weil ...

8 Auf den letzten Seiten hast du dich intensiv mit den Hauptpersonen der Ballade beschäftigt.

Lies dir jetzt bitte die beiden letzten Strophen von „Nis Randers“ auf Seite 52 durch und stelle dir dann folgende Situation vor.

> Die Mutter kehrt nach Hause zurück, glücklich darüber, dass ihrem Sohn Nis bei der Rettungsaktion nichts passiert ist, und glücklich darüber, dass ihr lange vermisster Sohn Uwe wieder „aufgetaucht“ ist. Sie hat die Angewohnheit, außergewöhnliche Erlebnisse in einem Tagebuch festzuhalten. So auch dieses Ereignis, bei dem sie zunächst so große Angst um Nis hatte und dann so glücklich war, den lange vermissten Sohn Uwe wiederzusehen.

Schreibe – stellvertretend für die Mutter – dieses Erlebnis für das Tagebuch auf. Versetze dich in ihre Lage und achte darauf, dass du ihre Gedanken und Gefühle lebendig darstellst. Schreibe die Übung in dein Heft.

9 Du weißt, dass Balladen sehr viel mit Gesang zu tun haben, denn ursprünglich waren es gesungene Gedichte.

Trage abschließend die vollständige Ballade (Strophe 1 bis 12) mit Betonung laut vor, sodass die Dramatik der Natur und des Schiffbrüchigen nachvollziehbar zum Ausdruck kommt.
Suche dir auch Zuhörer, z. B. deine Eltern.

So lauten die Originalstrophen 11 und 12 von „Nis Randers“:
Drei Wetter zusammen! Nun brennt die Welt!
Was da? - Ein Boot, das landwärts hält! -
Sie sind es! Sie kommen! - -

Und Auge und Ohr ins Dunkel gespannt ...
Still - ruft da nicht einer? - Er schreit's durch die Hand:
„Sagt Mutter, 's ist Uwe!“

Test

1 Prüfe nun selbst noch einmal, ob du die Regeln zum Erschließen eines Sachtextes richtig verstanden hast.

Verbinde jeweils einen linken Satzanfang mit der entsprechenden Fortsetzung der rechten Hälfte.

Ein Sachtext gibt mir Auskunft über	überfliege ich zunächst den Inhalt und verschaffe mir einen Überblick über das Thema.
Möchte ich einen Sachtext richtig verstehen,	habe ich den Text verstanden und kann ihn zusammenfassen.
Beim gründlichen Lesen des Textes	markiere ich Sinnabschnitte, Schlüsselbegriffe und weitere wichtige Informationen.
Kann ich die W-Fragen beantworten,	Diagramme stellen Zahlen, die die Textaussage unterstützen, übersichtlich dar.
Weiterführende Fragen helfen mir,	Tatsachen, Gegebenheiten, Ereignisse oder Vorfälle.
Häufig werden Sachtexte durch Diagramme unterstützt,	kann ich mir auch den Inhalt des Textes noch einmal in Erinnerung rufen.
Durch das genaue Betrachten des Diagramms	mich auf den Unterricht der nächsten Stunde vorzubereiten.

2 Lies die Ballade „Der Zauberlehrling“ und bearbeite sie nach allen gelernten Tipps und Regeln so, dass du anschließend den Inhalt zusammenfassen kannst.

Der Zauberlehrling *von Johann Wolfgang von Goethe*

Hat der alte Hexenmeister
Sich doch einmal wegbegeben!
Und nun sollen seine Geister
Auch nach meinem Willen leben.
Seine Wort und Werke
Merkt' ich und den Brauch,
Und mit Geistesstärke
Tu ich Wunder auch.

Walle! walle!
Manche Strecke,
Dass zum Zwecke
Wasser fließe
Und mit reichem, vollem Schwalle
Zu dem Bade sich ergieße.

Und nun komm, du alter Besen!
Nimm die schlechten Lumpenhüllen;
Bist schon lange Knecht gewesen;
Nun erfülle meinen Willen!
Auf zwei Beinen stehe,
Oben sei ein Kopf,
Eile nun und gehe
Mit dem Wassertopf!

Walle! walle!
Manche Strecke,
Dass zum Zwecke
Wasser fließe
Und mit reichem, vollem Schwalle
Zu dem Bade sich ergieße.

Seht, er läuft zum Ufer nieder,
Wahrlich! ist schon an dem Flusse,
Und mit Blitzesschnelle wieder
Ist er hier mit raschem Gusse.
Schon zum zweiten Male!
Wie das Becken schwillt!
Wie sich jede Schale
Voll mit Wasser füllt!

Stehe! stehe!
Denn wir haben
Deiner Gaben
Voll gemessen! –
Ach, ich merk es! Wehe! wehe!
Hab ich doch das Wort vergessen!

Ach, das Wort, worauf am Ende
Er das wird, was er gewesen,
Ach er läuft und bringt behände!
Wärst du doch der alte Besen!
Immer neue Güsse
Bringt er schnell herein,
Ach! und hundert Flüsse
Stürzen auf mich ein.

Nein, nicht länger
Kann ich's lassen;
Will ihn fassen.
Das ist Tücke!
Ach! nun wird mir immer bänger!
Welche Miene! welche Blicke!

O du Ausgeburt der Hölle!
Soll das ganze Haus ersaufen?
Seh ich über jede Schwelle
Doch schon Wasserströme laufen.
Ein verruchter Besen,
der nicht hören will!
Stock, der du gewesen,
steh doch wieder still!

Willst am Ende
Gar nicht lassen?
Will dich fassen,
Will dich halten
Und das alte Holz behände
Mit dem scharfen Beile spalten.

Seht, da kommt er schleppend wieder!
Wie ich mich nur auf dich werfe,
Gleich, o Kobold, liegst du nieder;
Krachend trifft die glatte Schärfe.
Wahrlich, brav getroffen!
Seht, er ist entzwei!
Und nun kann ich hoffen,
Und ich atme frei!

Wehe! wehe!
Beide Teile
Stehn in Eile
Schon als Knechte
Völlig fertig in die Höhe!
Helft mir, ach! ihr hohen Mächte!

Und sie laufen! Nass und nässer
Wird's im Saal und auf den Stufen.
Welch entsetzliches Gewässer!
Herr und Meister! hör mich rufen! -
Ach, da kommt der Meister!
Herr, die Not ist groß!
Die ich rief, die Geister,
Werd ich nun nicht los.

„In die Ecke,
Besen, Besen!
Seid's gewesen.
Denn als Geister
Ruft euch nur, zu seinem Zwecke,
Erst hervor der alte Meister."

3 Sprache kennenlernen

Das musst du am Ende der Klasse 7 können:

- Verschiedene Wortarten kennen und in Texten erkennen
- Aktiv- und Passivsätze erkennen, unterscheiden und bilden
- Satzglieder auseinanderhalten und benennen
- Einfache selbstständige Sätze von Satzreihen und Satzgefügen unterscheiden
- Verschiedene Arten von Nebensätzen erkennen
- Hauptsätze von Nebensätzen unterscheiden
- Zeichensetzungsregeln in Satzreihen und Satzgefügen kennen und anwenden

3.1 Wortarten

DAS MUSST DU WISSEN **Welche Wortarten gibt es?**

Aus den Jahrgangsstufen 5 und 6 kennst du diese Wortarten:

- **Substantive** (= Nomen, Hauptwörter)
  Beispiele: *Haus, Pferd, Auto*
- **Artikel** (= Begleiter):
  - **bestimmte Artikel** = *der, die, das*
  - **unbestimmte Artikel** = *ein, eine*
- **Verben** (= Tätigkeitswörter)
  Beispiele: *schwimmen, lernen, gehen, ...*
- **Adjektive** (= Eigenschaftswörter)
  Beispiele: *schön, hell, bunt, ...*
- **Präpositionen** (= Verhältniswörter)
  Beispiele: *auf, unter, über, neben, ...*
- **Personalpronomen** (= persönliche Fürwörter)
  Beispiele: *ich, du, mir, dir, ...*
- **Possessivpronomen** (= besitzanzeigende Fürwörter)
  Beispiele: *mein, dein, unser, ...*
- **Konjunktionen** (= Bindewörter)
  Beispiele: *weil, und, denn, ...*

1 **Ergänze in dem folgenden Text die fehlenden Wörter und gib jeweils an, um welche Wortart es sich handelt.**

~~*Esel*~~ *wunderte* *der* *faulsten* *zu* *laufen* *ihm* *schnell*
Hals *erfahren* *ein*

Der Esel auf Probe *von Aesop*

Ein Mann kaufte einen *Esel*, aber nicht endgültig, sondern er	*Substantiv*
machte eine Probezeit aus. Als er mit ihm ______ seinem Hof	
kam, wo schon mehrere Esel teils bei ______ Arbeit, teils bei der	
Abfütterung waren, ließ er ihn frei ______. Sogleich trottete der	
Neue zu dem ______ und gefräßigsten Gefährten und stell-	
te sich zu ______ an die Futterkrippe. Da legte ihm der Mann	
den Strick wieder um den ______ und brachte ihn dem bisheri-	
gen Besitzer zurück. „So ______ kannst du ihn doch gar	
nicht erprobt haben“, ______ sich der. – „Oh, mir genügt,	
was ich gesehen und ______ habe. Nach der Gesellschaft,	
die er sich ausgesucht hat, ist er ______ übler Bursche.“	

DAS MUSST DU WISSEN **Konjunktionen**

Konjunktionen (= Bindewörter) verbinden zwei Sätze miteinander.
Dies können zwei Hauptsätze oder auch Haupt- und Nebensatz sein.

Einige Beispiele für Konjunktionen sind:

und *aber* *wenn* *sodass* *dass* *obwohl* *weil* *als*
damit *nachdem* *ob* *denn* *oder*

- **Vor einer Konjunktion steht immer ein Komma** (außer natürlich, wenn die Konjunktion am Anfang des Satzes steht).
- **Ausnahme:** Vor **und** und **oder** steht nur ein Komma, wenn das Verständnis des Satzes dadurch erleichtert wird. Es kann also ein Komma stehen, muss aber nicht!

2 **Setze in dem folgenden Text die passenden Konjunktionen ein.**

ob *dass* *und* *denn* *aber* *dass* *wenn*

wenn *wenn* *denn* *oder* *denn* *dass* *ob*

Ferien

Ich freue mich schon heute darauf, ______ in der nächsten Woche die Ferien beginnen. Sechs Wochen Sommerferien! ______ wir verreisen werden, weiß ich noch nicht, ______ mein Vater kann noch nicht genau sagen, ______ er Urlaub bekommt. Ich würde gerne an die Ostsee fahren, ______ das Wetter gut ist, ______ da habe ich im letzten Jahr ein Mädchen kennengelernt, das ich gerne wieder treffen würde.
______ ich bin auch nicht traurig, ______ mein Vater keinen Urlaub bekommt, ______ dann mache ich mir hier eine schöne Zeit mit meinen Freunden. Ich weiß, ______ Lea und Timo auch nicht verreisen. Wir können zum Schwimmen gehen, ______ das Wetter gut ist, ______ in den Freizeitpark fahren. Auf jeden Fall freue ich mich, ______ ich ausschlafen kann ______ nicht zur Schule gehen muss.

3 **Im Folgenden siehst du jeweils zwei kurze Hauptsätze, die inhaltlich eng zusammengehören.**

So, wie du es hier siehst, wird man sie nicht ausdrücken, denn so klingen sie wenig interessant. Besser ist es, wenn man aus den kurzen Hauptsätzen jeweils ein Satzgefüge (siehe Seite 81) macht.

1. Verbinde jeweils zwei Sätze durch eine passende Konjunktion zu einem Satzgefüge. Denke auch daran, das Komma an die richtige Stelle zu setzen. Verwende möglichst unterschiedliche Konjunktionen. Schreibe die Lösung in dein Heft.

   a) Ich ging zu meiner Freundin Lea. Mir war langweilig.

   ______

   b) Ich musste zügig gehen. Auf dem Weg zu ihr fing es an zu regnen.

   ______

   c) Ich wurde klitschnass. Ich hatte keinen Regenschirm.

   ______

d) Bei Lea wärmte ich mich auf. Ich war durchgefroren.

e) Der Nachmittag verging schnell. Wir quatschten und tranken Tee.

2. Die Sätze a) bis e), die du gerade gebildet hast, bestehen immer aus Haupt- und Nebensatz, wobei der Nebensatz im hinteren Teil des Satzes steht und von der Konjunktion eingeleitet wird. Dies muss nicht immer so sein!

BEISPIEL

*Ich ging zu meiner Freundin Lea, **weil** mir langweilig war.*
→ *Weil mir langweilig war, ging ich zu meiner Freundin Lea.*

Erst der Wechsel in der Reihenfolge von Haupt- und Nebensatz macht einen Text (gesprochen oder geschrieben) interessant.
Formuliere jetzt die Sätze b) bis e) so um, dass der Nebensatz mit der einleitenden Konjunktion im vorderen Teil des Satzgefüges steht.
Denke an das Komma zwischen Neben- und Hauptsatz. Schreibe in dein Heft.

3. Eine dritte Möglichkeit, dieses Satzgefüge zu formulieren, besteht darin, den Nebensatz in den Hauptsatz einzufügen. Der Nebensatz wird dann sowohl vorn als auch hinten durch ein Komma abgetrennt.

BEISPIEL

Ich ging, weil mir langweilig war, zu meiner Freundin Lea.

Formuliere jetzt die Sätze b) bis e) so um, dass der Nebensatz in den Hauptsatz eingeschoben ist.
Denke an das Komma vor und hinter dem Nebensatz. Schreibe in dein Heft.

DAS MUSST DU WISSEN Pronomen

Pronomen sind Wörter, die stellvertretend für ein Substantiv gebraucht werden können.

Beispiel (Personalpronomen/Possessivpronomen):
Wenn ich zu Peter gehe, spiele ich mit ***Peter*** *oft an* ***Peters*** *Fußballkicker.*
↓ ↓
Wenn ich zu Peter gehe, spiele ich mit ***ihm*** *oft an* ***seinem*** *Fußballkicker.*

Man unterscheidet beispielsweise:

- **Personalpronomen** (= persönliches Fürwort):
  ich, du, er, sie, es, wir, ihr, sie, mir, dir, ...
- **Possessivpronomen** (= besitzanzeigendes Fürwort):
  mein, dein, sein, ihr, unser, euer, ...
- **Relativpronomen** (= bezügliches Fürwort):
  der Stuhl, der am Tisch steht, ... das Bild, das an der Wand hängt, ... die Kuh, die im Stall steht, ...
- **Demonstrativpronomen** (= hinweisendes Fürwort):
  dieser, diese, dieses, jener, jene, jenes, welcher, das ...
  → *Das gefällt mir aber gar nicht,*
  dieses gefällt mir aber gar nicht,
  jenes gefällt mir aber gar nicht.

4 Unterstreiche in dem folgenden Text alle Personalpronomen rot, alle Relativpronomen grün und alle Demonstrativpronomen blau.

Tipp: In dem Text sind 23 Personalpronomen, 5 Relativpronomen und 4 Demonstrativpronomen enthalten.

Das Rätsel *von den Brüdern Grimm* *(Text leicht verändert)*

Es war einmal ein Königssohn, der bekam Lust, in der Welt umherzuziehen, und nahm niemand mit als seinen Diener, der ihm immer treu zur Seite stand. Eines Tages geriet er in einen großen Wald, und als der Abend kam, konnte er keine Herberge finden und wusste nicht, wo er die Nacht zubringen sollte. Da sah er ein Mädchen, das nach einem kleinen Häuschen zuging, und als er näher kam, sah er, dass das Mädchen jung und schön war.

Er redete es an und sprach: „Liebes Kind, können mein Diener und ich in dem Häuschen für die Nacht ein Unterkommen finden?“ - „Ach ja“, sagte das Mädchen mit trauriger Stimme, „das könnt ihr wohl, aber ich rate euch nicht dazu; geht nicht hinein!“ - „Warum soll ich das nicht?“, fragte der Königssohn. Das Mädchen seufzte und sprach: „Meine Stiefmutter, die es nicht gut mit Fremden meint, treibt böse Künste. Diese könnten üblen Schaden anrichten.“ Da merkte er wohl, dass er zu dem Hause einer Hexe gekommen war. Doch weil es finster ward und er sich vor diesem auch nicht fürchtete, so trat er ein. Die Alte, die auf einem Lehnstuhl beim Feuer saß, sah mit ihren roten Augen die Fremden an. „Guten Abend“, schnarrte sie und tat ganz freundlich. „Lasst euch nieder und ruht euch aus!“ [...]

Wenn du wissen möchtest, wie das Märchen weitergeht, suche es im Internet unter dem Stichwort „Brüder Grimm“.

5 In den nachfolgenden Sätzen fehlen die Pronomen. Darum wirken die Sätze auf den Leser eher langweilig und es ist ermüdend, sie zu lesen.

Überarbeite die Sätze, indem du zunächst die Substantive - wo es möglich und sinnvoll ist - durch Pronomen ersetzt.
Kennzeichne anschließend mit einem Pfeil den Bezug des Pronomens zu seinem zugehörigen Substantiv.

BEISPIEL

Jan wartete an der Bushaltestelle auf den Bus. Als der Bus kam, stieg Jan ein und fuhr fort.

Jan wartete an der Bushaltestelle auf den Bus.

Als **dieser** kam, stieg **er** ein und fuhr fort.

1. Jan sah Marius in der dritten Reihe sitzen, Jan ging zu Marius und fragte Marius, ob Jan sich auf den freien Platz setzen dürfe.

2. Marius willigte sofort ein und auf dem Nachhauseweg plauderten Jan und Marius über Gott und die Welt.

3. Die Eisenbahn ist das Lieblingsthema von Jan, Jan kennt alle Lokomotiven mit Namen.

DAS MUSST DU WISSEN **Adverbien**

Adverbien (= Umstandswörter) sind Wörter, die aussagen, wann, wie, wo oder warum etwas geschieht.

Es gibt

- **Adverbien der Zeit (wann),**
  Beispiele:
  gestern, heute, morgen, meistens, immer, nie, jetzt, ...
- **Adverbien der Art und Weise (wie),**
  Beispiele:
  vielleicht, gern, kaum, sehr, ...
- **Adverbien des Ortes (wo),**
  Beispiele:
  dort, hier, rechts, links, ...
- **Adverbien des Grundes (warum),**
  Beispiele:
  darum, deshalb, leider, trotzdem, ...

6 **Füge in den folgenden Lückentext passende Adverbien ein und gib jeweils an, um welches Adverb es sich handelt.**

Gestern bin ich mit meinem Hund spazieren gegangen.	*Adverb der Zeit*
______ hat es so stark geregnet, dass wir nur eine kleine	______
Runde gehen konnten. Als wir ______ in die Langestraße	______
einbogen, kam uns ein ______ großer Hund entgegen,	______
der mich ______ auf meinem Weg zur Schule	______
______ anbellt. Wenn ich ehrlich bin, muss ich zugeben,	______
dass ich Angst vor dem Tier habe. ______ werde ich	______
______ einen anderen Weg gehen, um diesem Tier nicht	______
mehr begegnen zu müssen.	

3.2 Zeitformen des Verbs

DAS MUSST DU WISSEN

Du kennst folgende Zeitformen:

- Das **Präsens** (= Gegenwart) drückt aus, dass etwas in der Gegenwart passiert oder allgemeine Gültigkeit hat (selten wird es auch benutzt, um auszudrücken, was in der Zukunft liegt).

  Beispiel: *Ich **gehe** jeden Tag zur Schule.*

- Das **Präteritum** (= einfache Vergangenheit) drückt aus, dass etwas in der Vergangenheit geschehen ist, man benutzt es vorwiegend beim **schriftlichen** Erzählen und Berichten.

  Beispiel: *Ich **ging** zur Schule.*

- Das **Perfekt** (= vollendete Gegenwart) drückt aus, dass etwas in der Vergangenheit geschehen ist, man benutzt es vorwiegend beim **mündlichen** Erzählen.

  Beispiel: *Ich **bin** zur Schule **gegangen**.*

  Hier besteht das Prädikat aus zwei Teilen, nämlich einem Hilfsverb (*bin*) und dem Verb im Partizip II (*gegangen*).

▶ Das **Futur I** (= Zukunft) drückt aus, dass etwas in der Zukunft geschehen wird.

Beispiel: *Ich* ***werde*** *zur Schule* ***gehen.***

Auch hier besteht das Prädikat aus Hilfsverb (*werde*) und Verb (*gehen*), wobei das Verb bei der Bildung des Futurs in der Grundform steht.

1 Unterstreiche in den folgenden Sätzen die Verbform und notiere, um welche Zeitform es sich handelt.

Achte besonders beim Gebrauch des Perfekts und des Futurs auf die Teilung des Prädikats in Hilfsverb und Verb.

1. Ich trug den vollen Korb nach Hause. — *Präteritum*
2. Über das Geschenk freue ich mich sehr.
3. Gestern bin ich beim Training umgeknickt.
4. Wirst du morgen mit mir ins Kino gehen?
5. Hast du gestern deine Hausaufgaben gemacht?
6. Bayern hat gegen Schalke 2 : 0 gewonnen.
7. Der Unfall passierte auf der Landstraße.
8. Verstehst du, was ich meine?
9. In den Ferien werden wir ans Meer fahren.
10. Ich kann dir bei den Hausaufgaben helfen.

2 Im Folgenden findest du noch einmal einige Sätze der letzten Übung.

Formuliere sie so um, dass sie in der in Klammern angegebenen Zeitform stehen. Kennzeichne auch das Prädikat.

BEISPIEL

Ich trug den vollen Korb nach Hause.
Futur I: Ich **werde** den vollen Korb nach Hause **tragen**.

1. Über das Geschenk freue ich mich sehr. (Perfekt)
2. Gestern bin ich beim Training umgeknickt. (Präteritum)
3. Bayern hat gegen Schalke 2:0 gewonnen. (Präteritum)
4. Der Unfall passierte auf der Landstraße. (Präsens)
5. Verstehst du, was ich meine? (Futur I)
6. In den Ferien werden wir ans Meer fahren. (Perfekt)
7. Ich kann dir bei den Hausaufgaben helfen. (Futur I)

DAS MUSST DU WISSEN **Das Plusquamperfekt**

Auf einem Zeitstrahl lassen sich die Zeitformen gut darstellen.

Plusquamperfekt	Präteritum	Perfekt	Präsens	Futur I
↑	↑	↑	↑	↑
Vorvergangenheit	einfache Vergangenheit	vollendete Gegenwart (bereits abgeschlossen)	Gegenwart	Zukunft

- Möchte man etwas ausdrücken, was in der Vergangenheit geschehen und bereits abgeschlossen ist, bevor etwas anderes passierte, benutzt man die Zeitform Plusquamperfekt (= Vorvergangenheit).
  Beispiel:
  *Ich **hatte** mein Fahrrad in die Garage **geschoben,** bevor es anfing zu regnen.*
- Man benutzt diese Zeitform, wenn man z. B. einen Bericht, eine Unfallmeldung oder eine Diebstahlsmeldung verfasst.
- Zur **Bildung** des Plusquamperfekts braucht man das **Hilfsverb** *haben* oder *sein* im **Präteritum** und das **Verb im Partizip II**:
  haben – *ich hatte, du hattest, er/sie/es hatte, wir hatten, ihr hattet, sie hatten*
  sein – *ich war, du warst, er/sie/es war, wir waren, ihr wart, sie waren*

+

***ge**schob**en** – **ge**lauf**en** – **ge**spiel**t** – **ge**lach**t** – …*

Faustregel:
Bei Verben der Bewegung (*laufen, springen, …*) wird das Plusquamperfekt mit dem Hilfsverb „sein" gebildet, bei allen anderen mit dem Hilfsverb „haben".

3 Setze die folgenden Verben ins Plusquamperfekt.

Achte darauf, ob die Verbform mit dem Hilfsverb „haben“ oder „sein“ gebildet wird.

denken	–	ich	*hatte gedacht*
fahren	–	du	
aufbauen	–	wir	
lernen	–	ich	
schwimmen	–	er	
gehen	–	ihr	
lachen	–	wir	

4 Bilde jetzt in deinem Heft mit jeder Verbform aus Übung 3 einen Satz im Plusquamperfekt.

DAS MUSST DU WISSEN Die Konjugation

Du weißt, dass du Verben nicht nur in verschiedene Zeitformen setzen kannst, sondern auch in **verschiedene Personalformen.** Dies nennt man auch konjugieren.

Ein Beispiel verdeutlicht das.

1. Person: Ich **geh<u>e</u>** zur Schule.
2. Person: Du **geh<u>st</u>** zur Schule.
3. Person: Er/Sie/Es **geh<u>t</u>** zur Schule.

} Singular (= Einzahl)

1. Person: Wir **geh<u>en</u>** zur Schule.
2. Person: Ihr **geh<u>t</u>** zur Schule.
3. Person: Sie **geh<u>en</u>** zur Schule.

} Plural (= Mehrzahl)

Die Endung des Verbs gibt die jeweilige Personalform an!

5 **Setze die Verben in verschiedene Zeitformen und berücksichtige dabei auch die Personalform.**

Fülle die folgende Tabelle aus wie im Beispiel gezeigt.

	2. Person Singular Futur I	3. Person Plural Präteritum	1. Person Singular Perfekt	3. Person Singular Plusquamperfekt
brüllen	*du wirst brüllen*	*sie brüllten*		
rennen				*er war gerannt*
schreien			*ich habe geschrien*	

	3. Person Plural Präsens	2. Person Singular Plusquamperfekt	2. Person Plural Futur I	1. Person Singular Perfekt
schwimmen				
verstehen				
fahren				

	1. Person Plural Plusquamperfekt	3. Person Singular Futur I	2. Person Plural Präteritum	1. Person Singular Präsens
schauen				
lesen				
klettern				

3.3 Aktiv – Passiv

TIPPS UND INFOS Gebrauch von Aktiv und Passiv

Wenn du ein Geschehen oder eine Handlung beschreibst, dann stehen dir dazu zwei Darstellungsmöglichkeiten zur Verfügung.
Die beiden Sätze

„Der Jäger erschießt das verletzte Tier“ und
„Das verletzte Tier wird von dem Jäger erschossen“

unterscheiden sich in ihrer Satzaussage auf den ersten Blick nicht voneinander.

- **Der Jäger erschießt das verletzte Tier.**
  In diesem Satz steht der Jäger, also der **Handelnde,** im **Vordergrund.** Es ist wichtig mitzuteilen, dass es der Jäger war, der das verletzte Tier erschossen hat.
  Dieser Satz steht im **Aktiv.**
- **Das verletzte Tier wird von dem Jäger erschossen.**
  In diesem Satz ist es wichtig, auszudrücken, dass das verletzte Tier erschossen wurde, die **Handlung** steht **im Vordergrund.**
  Dieser Satz steht im **Passiv.**

1 Entscheide für folgende Sätze, ob es sich um Aktiv- oder Passivsätze handelt. Kreuze entsprechend an.

	Aktiv	Passiv
Der Ober serviert das Essen.	☐	☐
Jana wird von Tom zur Party eingeladen.	☐	☐
Das Wild wird vom Jäger gejagt.	☐	☐
Großmutter backt einen Kuchen.	☐	☐
Die Kartoffeln werden vom Bauern geerntet.	☐	☐
Das blutende Knie wird versorgt.	☐	☐

DAS MUSST DU WISSEN Das Passiv

Das Passiv wird vor allem dann eingesetzt, wenn **die Handlung selbst im Vordergrund** stehen soll. Der Betroffene wird dabei benannt. Mit ihm geschieht etwas. Der Betroffene muss nicht immer eine Person sein.

Beispiel 1:

Der Patient	*wird operiert.*
↓	↓
Betroffener	**Handlung**
Subjekt	**Prädikat**

Beispiel 2:

Der Traktor	*wird überholt.*
↓	↓
Betroffener	**Handlung**
Subjekt	**Prädikat**

- Der Patient (bzw. der Traktor) ist hier der **Betroffene,** mit ihm geschieht etwas. Er stellt das **Subjekt** im Passivsatz dar.
- Du erkennst in den Beispielen, dass in einem Passivsatz das **Prädikat zweiteilig** ist. Es besteht aus einer **Personalform von „werden“** und dem **Partizip II.**

Beispiel:

*Der Patient **wird** heute **operiert.***

wird → **Personalform von „werden“**

operiert → **Partizip II**

- Auch in einem Passivsatz kann man den **Handlungsträger** benennen, wenn man erwähnen möchte, von wem die Handlung ausgeführt wird.

Beispiel 1:

Der Patient *wird* ***von dem Arzt*** *operiert.*

Der Patient ↓ **Betroffener Subjekt**

von dem Arzt ↓ **Handlungsträger**

wird … *operiert.* → **Handlung Prädikat**

Beispiel 2:

Der Traktor *wird* ***von dem Auto*** *überholt.*

Der Traktor ↓ **Betroffener Subjekt**

von dem Auto ↓ **Handlungsträger**

wird … *überholt.* → **Handlung Prädikat**

Der Handlungsträger wird immer mit „von“ eingeführt.

2 **Bilde zu den im Infinitiv (Grundform) angegebenen Verben das Partizip II.**

malen	*gemalt*	schaukeln	
lenken		verzieren	
melken		löschen	
massieren		beschützen	
auslachen		verraten	
reparieren		füttern	

TIPPS UND INFOS Personalformen des Hilfsverbs „werden“

Die Personalformen des Hilfsverbs „werden“ im Präsens (Gegenwart) lauten:

Singular (Einzahl)	Plural (Mehrzahl)
Ich **werde** gemalt.	Wir **werden** gemalt.
Du **wirst** gemalt.	Ihr **werdet** gemalt.
Er/Sie/Es **wird** gemalt.	Sie **werden** gemalt.

3 **Unterstreiche in den folgenden Passivsätzen das Subjekt (Betroffener) rot, das zweiteilige Prädikat (Handlung) blau und den Handlungsträger grün.**

1. Der Klassenraum wird zum 1. Advent von den Schülerinnen und Schülern geschmückt.
2. Eine Lichterkette wird am Fenster befestigt.
3. Das Adventsgesteck wird von der Klassensprecherin aufs Lehrerpult gestellt.
4. Die Fenster werden von den Kindern mit bunten Fensterbildern beklebt.
5. Silberne und goldene Sterne werden aufgehängt.
6. Sogar ein kleiner Tannenbaum wird vom Hausmeister in einer Ecke des Klassenzimmers aufgestellt.

4 **Die Klasse 7 b plant eine Karnevalsdisco. Dazu gibt es viele Aufgaben zu verteilen.**

Suche in den folgenden Sätzen Handlungsträger und Handlung heraus und sortiere sie in die Tabelle ein. Übertrage dazu die Tabelle in dein Heft.
Denke daran, dass der Handlungsträger nicht unbedingt am Anfang des Satzes steht.

Vorbereitungen für die Karnevalsdisco der 7 b

Die Schülerinnen und Schüler legen den Termin fest.
Mit der Klassenlehrerin treffen sie alle Absprachen.
Diese holt die Genehmigung bei der Schulleitung ein.
Marco bringt seine Stereoanlage mit.
Die Aufgabe des Discjockeys übernimmt Martin.
Den Klassenraum schmücken Sabine und Jennifer.
Dazu kaufen sie Luftballons, Girlanden und Luftschlangen.
Lisas Familie besitzt einen Getränkemarkt.
Deshalb kümmern ihre Eltern sich um die Getränke.
Beim Ausräumen des Klassenraums helfen einige Jungen.
Als Höhepunkt der Veranstaltung plant die Klassensprecherin einen Kostümwettbewerb.
Den Preis für den 1. Platz besorgt der Klassensprecher.

Handlungsträger (Subjekt)	Handlung (Prädikat)
Die Schülerinnen und Schüler	legen fest

5 **Setze nun aus den Vorgaben selbst Passivsätze zusammen. Es dürfen auch witzige Sätze entstehen.**

Schreibe in dein Heft.

Subjekt	Handlungsträger	Prädikat (im Infinitiv)
Kerzen	Kinder	überraschen
Schokolade	Katze	fressen
Die Karnevalisten	Lehrer	aufdrehen
Musikanlage	Sirene	löschen
Laterne	Wind	anzünden
Hundehalsband	Feuerwehrauto	verfolgen

TIPPS UND INFOS Aktiv oder Passiv?

Ob es sinnvoller ist, das Aktiv oder das Passiv zu benutzen, hängt davon ab, welche Informationen du in den Vordergrund stellen möchtest.

- Wenn es für dich wichtig ist, den **Handlungsträger** in den **Mittelpunkt** zu rücken, solltest du das **Aktiv** benutzen.
- Geht es dir jedoch vornehmlich darum, **ein Geschehen oder eine Handlung** zu beschreiben, dann ist das **Passiv** die geeignetere Darstellungsform.

6 Formuliere aus den folgenden Stichpunkten einen zusammenhängenden Text.

Entscheide für jeden Satz, ob das Aktiv oder das Passiv die geeignetere Darstellungsform ist.

BEISPIEL

gestern *überfallen* *Tankstelle*

Gestern wurde eine Tankstelle überfallen.

Tankwart *Polizei* *alarmieren*

Zeugen *Täterbeschreibung* *abgeben*

noch in der gleichen Nacht *aufgreifen* *Polizei* *zwei junge Männer*

Geld und Tabakwaren *sicherstellen*

mutmaßliche Täter *Polizeirevier* *verhören* *Kriminalbeamten*

Geständnis *ablegen* *nach kurzer Zeit*

Untersuchungsrichter *vorführen* *Täter*

DAS MUSST DU WISSEN – Tempusformen im Passiv

Jede Tempusform (Zeit) im Aktiv hat im Passiv ihre Entsprechung. In der Tabelle kannst du die Umformungen von Aktivsätzen in Passivsätze für die verschiedenen Zeiten erkennen.

Tempus	Aktiv	Passiv
Präsens	Die Katze **fängt** eine Maus.	Eine Maus **wird** von der Katze **gefangen.**
Perfekt	Die Katze **hat** eine Maus **gefangen.**	Eine Maus **ist** von der Katze **gefangen worden.**
Präteritum	Die Katze **fing** eine Maus.	Eine Maus **wurde** von der Katze **gefangen.**
Plusquamperfekt	Die Katze **hatte** eine Maus **gefangen.**	Eine Maus **war** von der Katze **gefangen worden.**
Futur I	Die Katze **wird** eine Maus **fangen.**	Eine Maus **wird** von der Katze **gefangen werden.**

7 Bestimme für die folgenden Passivsätze die Tempusformen und notiere sie.

1. Gestern wurde ein Tankstellenräuber gefasst.
2. Zurzeit wird er von der örtlichen Polizei verhört.
3. Mehrere Hundert Euro sind von ihm erbeutet worden.
4. Bereits vor einigen Wochen waren zwei Tankstellen an der Bundesstraße überfallen worden.
5. Er wird von dem Untersuchungsrichter vernommen werden.

8 **Fülle nun in der Tabelle die leeren Felder aus, indem du die richtige Zeitform im Aktiv oder Passiv bildest.**

Tempus	Aktiv	Passiv
Präsens		Das Buch wird von den Schülern gelesen.
Perfekt	Der Junge hat den Hund geärgert.	
Präteritum	Der Richter verurteilte den Angeklagten.	
Plusquamperfekt		Die Urlaubsreise war von der Familie schon lange geplant worden.
Futur I	Der Schulleiter wird den Sieger ehren.	

3.4 Satzglieder

DAS MUSST DU WISSEN **Subjekt, Prädikat und Objekt**

Ein Satz besteht aus verschiedenen Satzgliedern, die du durch bestimmte Fragen ermitteln kannst. Zu einem grammatisch „vollständigen" Satz gehören mindestens ein **Subjekt** und ein **Prädikat, z. B.:** *Peter malt.*

- Nach dem **Subjekt** des Satzes fragst du immer, **„Wer oder was"** tut etwas? Das Subjekt des Satzes steht immer im Nominativ:
  Wer oder was malt? – *Peter* → **Subjekt**
- Das **Prädikat** stellt immer eine **Tätigkeit** dar. Es kann aus einem einzelnen Verb oder aus Verb und Hilfsverb bestehen:
  Was **tut** Peter? – Er *malt.* → **Prädikat**

Einfache Sätze wie *Peter malt* kommen in unserer Sprache aber nur selten vor. In der Regel besteht ein Satz aus mehreren Satzgliedern, Subjekt und Prädikat werden z. B. durch Objekte ergänzt.

Die **Objekte** stehen jeweils in einem der übrigen drei Fälle:
Genitiv (wessen?), Dativ (wem?) oder Akkusativ (wen oder was?).

- Peter malt *ein Bild*.
  Wen oder was malt Peter? – *ein Bild* → **Akkusativobjekt**
- Peter schenkt Pia das Bild.
  Wem schenkt Peter das Bild? – *Pia* → **Dativobjekt**
- Peter erinnerte sich *des Bildes*.
  Wessen erinnerte er sich? – *des Bildes* → **Genitivobjekt**

TIPPS UND INFOS Die Umstellprobe

Satzglieder kannst du durch Umstellproben ermitteln.
Die Wörter, die auch beim mehrmaligen Umstellen des Satzes immer zusammenbleiben, bilden gemeinsam ein Satzglied.

- Jonah gewann den ersten Preis.
- Den ersten Preis gewann Jonah.
- Gewann Jonah den ersten Preis?

Satzglieder:
Jonah (= Subjekt) – gewann (= Prädikat) – den ersten Preis (= Akkusativobjekt)

1 Ermittle in den folgenden Sätzen durch Umstellproben die Satzglieder.

Schreibe die Sätze in dein Heft.

BEISPIEL

Die tropischen Regenwälder produzieren lebenswichtigen Sauerstoff.

Umstellprobe:
Lebenswichtigen Sauerstoff produzieren die tropischen Regenwälder.
Produzieren die tropischen Regenwälder lebenswichtigen Sauerstoff?

Satzglieder:
- die tropischen Regenwälder
- produzieren
- lebenswichtigen Sauerstoff

1. Die Bäume filtern das schädliche CO_2 der Atmosphäre.
2. Die Menschen holzen die Regenwälder aus wirtschaftlichen Gründen ab.
3. Dabei gehen sie sehr rücksichtslos mit der Natur um.
4. Die Abholzung des Regenwaldes beeinflusst das gesamte Weltklima.

DAS MUSST DU WISSEN **Adverbiale Bestimmungen**

Adverbiale Bestimmungen (= Umstandsangaben) geben die näheren Umstände eines Geschehens oder einer Handlung an.

Es gibt vier verschiedene adverbiale Bestimmungen:

- Adverbiale Bestimmung **der Zeit** (temporale Bedeutung):
  Wann? Wie oft? Wie lange?
  Jonah gewann ***am Samstag*** *den ersten Preis.*
- Adverbiale Bestimmung **des Ortes** (lokale Bedeutung):
  Wo? Woher? Wohin?
  Vater kaufte ihm ***beim Feuerwehrfest*** *drei Lose.*
- Adverbiale Bestimmung **der Art und Weise** (modale Bedeutung): **Wie?**
  Er gewann ***mit Glück*** *ein Fahrrad.*
- Adverbiale Bestimmung **des Grundes** (kausale Bedeutung): **Warum?**
  Aus Freundschaft *schenkte er Bastian sein altes Fahrrad.*

2 **In Übung 1 hast du herausgefunden, welche Wörter zusammen ein Satzglied bilden.**

Bestimme nun diese Satzglieder in allen vier Sätzen.
Schreibe die Lösungen in dein Heft.

BEISPIEL

Tropische Regenwälder produzieren lebenswichtigen Sauerstoff.

- Tropische Regenwälder (**Wer oder was** produziert lebenswichtigen Sauerstoff?) = **Subjekt**
- produzieren (Was tun die Regenwälder?) = **Prädikat**
- lebenswichtigen Sauerstoff (**Wen oder was** produzieren die Regenwälder?) = **Akkusativobjekt**

3.5 Satzreihen und Satzgefüge

TIPPS UND INFOS **Selbstständige Hauptsätze**

Ein selbstständiger Hauptsatz besteht aus mindestens **zwei Satzgliedern,** dem **Subjekt** (antwortet auf die Frage: Wer oder was?) und dem **Prädikat** (antwortet auf die Fragen: Was geschieht? Was tut ...?). Er kann allein stehen und ergibt einen Sinn.

Beispiele:
Die Sonne scheint.
die Sonne: Subjekt - scheint: Prädikat

Der Schneemann schmilzt.
der Schneemann: Subjekt - schmilzt: Prädikat

Schneeglöckchen erwachen.
Schneeglöckchen: Subjekt - erwachen: Prädikat

Der Standardsatz besteht jedoch in der Regel aus mehreren Satzgliedern:
dem Subjekt und Prädikat sowie dem Objekt und adverbialen Bestimmungen.

DAS MUSST DU WISSEN **Satzreihen I**

Hauptsätze, die inhaltlich eng zusammengehören, kann man verbinden. Die **Verbindung von selbstständigen Hauptsätzen** nennt man Satzreihe.
Zur Verknüpfung von Hauptsätzen bieten sich mehrere Möglichkeiten an.

Erste Möglichkeit zur Bildung von Satzreihen
Du kannst die Hauptsätze aneinanderreihen und durch Kommas voneinander abgrenzen. Daraus ergibt sich dann eine Aufzählung von Sätzen.
Beispiele:
1. *Die Sonne scheint, der Schneemann schmilzt, Schneeglöckchen erwachen.*
2. *Der Winter kehrt zurück, eine dicke Schneeschicht deckt alles zu, die Natur versinkt im Winterschlaf, nur einige Krähen flattern schwarz und bedrohlich über das Feld.*

Achtung! **Satzreihen sind leicht mit Aufzählungen zu verwechseln.** In Aufzählungen werden keine vollständigen Sätze aneinandergereiht, sondern nur einzelne Satzglieder oder Wörter.
Beispiel:
Ich suche meinen Schlüssel, meine Tasche, meinen MP3-Player und mein Buch.

1 Entscheide in der folgenden Übung, ob es sich um Satzreihen oder einfache Aufzählungen handelt.

Zerlege danach die Satzreihen in einzelne Hauptsätze. Schreibe in dein Heft. Unterstreiche zum Schluss die Subjekte rot und die Prädikate blau.

BEISPIEL

Der Winter ist über uns hereingebrochen, die Welt versinkt in Schnee und Eis.

Satzreihe, bestehend aus: *Der Winter ist über uns hereingebrochen.*

Die Welt versinkt in Schnee und Eis.

1. Eisige Kälte weht über den See, der Schnee knirscht unter meinen Füßen.
2. Ich lausche dem Rauschen des Windes, dem Ruf einer Eule, dem Plätschern des Baches.
3. Ganz leise hört man das Plätschern eines kleinen Bachlaufs, Schnee und Dunkelheit verschlucken alle Geräusche der Nacht.
4. Dunkelheit legt sich über die Dächer, Türme, Straßen und Plätze der Stadt.
5. Frierend kehre ich zurück in die Wärme, am lodernden Kaminfeuer lasse ich mich nieder.

DAS MUSST DU WISSEN Satzreihen II

Zweite Möglichkeit zur Bildung von Satzreihen
Du kannst die Hauptsätze aneinanderreihen und durch eine **Konjunktion (Bindewort)** miteinander verknüpfen.
Beispiel:
*Die Sonne scheint **und** der Schneemann schmilzt.*

Das Wort „und“ ist eine Konjunktion, mit der sich Hauptsätze verbinden lassen. Es gibt jedoch noch eine Reihe weiterer Konjunktionen, mit denen du Hauptsätze aneinanderreihen kannst.
Um dich über Konjunktionen zu informieren, schaue noch einmal auf Seite 57 nach.

2 Kreise in den folgenden Satzreihen alle Konjunktionen ein.

Zerlege dann die Satzreihe wie in der vorangegangenen Übung nochmals in ihre einzelnen Hauptsätze. Schreibe in dein Heft.

1. Das Donnern und Blitzen am Himmel fasziniert die Menschen, aber selbst Forscher können das Geschehen in einer Gewitterwolke nicht genau erklären.
2. Ein Gewitter stellt ein atmosphärisches Ereignis dar, denn es wird durch kalte und warme Luftmassen ausgelöst.
3. Donner ist der Knall beim Durchbrechen der Schallmauer, denn die Luft um den Blitz herum dehnt sich schneller aus als Schallgeschwindigkeit.
4. Donner und Blitz treten immer gleichzeitig auf, doch der Donner ist erst später zu hören, denn der Schall bewegt sich langsamer als das Licht.
5. Ein Gewitter kündigt sich häufig durch Sturmböen an, oder starke Regenschauer mit Hagelschlag gehen einem Gewitter voraus.

Schreibe alle Konjunktionen heraus, die du gefunden hast.

1. ______ 3. ______

2. ______ 4. ______

DAS MUSST DU WISSEN **Nebenordnende Konjunktionen**

Nun hast du schon viele wichtige Konjunktionen erarbeitet, mit denen Satzreihen gebildet werden. Sicher ist dir dabei aufgefallen, dass vor einigen von ihnen ein Komma gesetzt wird.

Alle **Konjunktionen, die Hauptsätze miteinander verbinden,** nennt man nebenordnende Konjunktionen (Hauptsatzkonjunktionen).
Dazu gehören: *und, oder, aber, denn, doch, jedoch, entweder ... oder, ...*

- Vor den Konjunktionen „aber", „doch" und „denn" steht immer ein Komma.
  Beispiel:
  Der Schneesturm fegte durch die Straßen, ***aber*** *das Haus blieb unversehrt.*
  Er wurde vom Unwetter überrascht, ***denn*** *er missachtete die Wettervorhersage.*

- Vor „und" und „oder" kann ein Komma stehen, muss aber nicht. Manchmal erleichtert es das Verständnis eines Satzes, vor allem bei langen Sätzen.
  Beispiel:
  Er wurde zum Schülersprecher gewählt ***und*** *später engagierte er sich in der Politik.*
  Er wurde zum Schülersprecher gewählt, ***und*** *später engagierte er sich in der Politik.*

3 **Verbinde die folgenden Hauptsätze zu Satzreihen. Verwende dabei die in Klammern angegebenen Konjunktionen.**

Schreibe die Satzreihen in dein Heft und setze, falls notwendig, ein Komma.

1. Mit Schnee verbinden die meisten Menschen Rodel- und Skivergnügen. Sie denken an unpassierbare Straßen, Winterreifen und Schneeketten. (oder)
2. Nachrichten von Lawinenunglücken nehmen wir meistens nur durch die Medien wahr. Besonders Meldungen aus uns vertrauten Wintersportgebieten der Alpenregion machen auch uns betroffen. (doch)
3. Skifahrer lösen durch leichtsinniges Verhalten häufig Lawinen aus. Auch Bergsteiger verursachen durch Unkenntnis und Unachtsamkeit nicht selten das Abrutschen größerer Schneemassen. (aber)
4. An steilen Hängen ist die Lawinengefahr nicht so groß. Hier können sich keine größeren Schneemassen ansammeln. (denn)
5. Der beste Schutz gegen Lawinengefahr ist eine dichte Bewaldung. Ein hoher und dichter Baumbestand verhindert zu große Schneeansammlungen. (denn)
6. Auch durch Stahl- und Holzkonstruktionen versucht man künstlich die Schneedecke zu stützen. Ein sicherer und vollständiger Lawinenschutz ist nicht möglich. (aber)

Hast du die Zeichensetzung beachtet? Wenn dir hierbei noch Fehler unterlaufen sind, dann schau noch einmal im Merkkasten nach, vor welchen Konjunktionen man ein Komma setzen muss.

4 **Verbinde die beiden Hauptsätze zuerst mit der Konjunktion „denn“, anschließend mit der Konjunktion „weil“.**

Die Rettung von Lawinenopfern ist ein Kampf gegen die Zeit.
Unterkühlung führt nach ungefähr zwei Stunden zum Tod.

1.

2.

Konntest du die 2. Übung ohne Probleme lösen? Sicher hast du festgestellt, dass du beim Gebrauch der Konjunktion „weil“ den zweiten Satz verändern musstest, um eine sinnvolle und sprachlich richtige Satzverbindung zu schaffen. Du hast einen **Nebensatz** gebildet. Auf den nächsten Seiten lernst du mehr über solche Satzverbindungen, die man **Satzgefüge** nennt.

DAS MUSST DU WISSEN **Satzgefüge**

- Die **Verbindung von einem Hauptsatz und einem Nebensatz** (Gliedsatz) nennt man Satzgefüge.
- Nebensätze werden durch eine Konjunktion eingeleitet und durch ein Komma von dem Hauptsatz getrennt. Sie sind unselbstständig (können nicht allein stehen) und ergänzen den Hauptsatz um wichtige Informationen.

  Beispiel:

  *Das Sportfest musste leider ausfallen, **weil** es in Strömen regnete.*

  ↓ *Hauptsatz (HS)* ↓ *Nebensatz (NS)*

  Dabei spielt es keine Rolle, ob der Nebensatz vor oder hinter dem Hauptsatz steht.

  Beispiel:

  ***Weil** es in Strömen regnete, musste das Sportfest ausfallen.*

  ↓ *Nebensatz (NS)* ↓ *Hauptsatz (HS)*

5 **Unterstreiche in den folgenden Satzgefügen die Hauptsätze und kreise die Konjunktionen ein, welche die Nebensätze einleiten.**

1. Die Hummelköniginnen erwachen aus ihrer Winterstarre, wenn die ersten Blumen blühen.
2. Obwohl es noch sehr kalt ist, locken die Blüten sie mit ihrem Duft.
3. Sie können schon so früh im Jahr fliegen, weil ihr dickes, pelzartiges Haarkleid sie gegen die Kälte schützt.
4. Die Hummel kriecht tief in die Blüten hinein, damit sie mit ihrem Saugrüssel den Blütensaft aufnehmen kann.
5. Während sie gleich einem Vogel ihre Eier ausbrütet, lebt sie von dem gesammelten Nektar.

DAS MUSST DU WISSEN **Nebensätze**

Einen Nebensatz erkennt man nicht nur an der Konjunktion, die ihn einleitet. Es gibt noch weitere wichtige Merkmale, die einen Nebensatz (Gliedsatz) von einem Hauptsatz unterscheiden.

- Ein Nebensatz wird meistens durch **Konjunktionen** eingeleitet. Man nennt sie unterordnende Konjunktionen.
- Die **Personalform des Prädikats** steht im Nebensatz **am Ende.**

- Ein Nebensatz **ergibt allein stehend keinen Sinn,** er ist von seinem Hauptsatz abhängig.
- Ein Nebensatz wird mit einem **Komma** vom Hauptsatz getrennt.

Beispiel:

Hauptsatz — *Konjunktion + Nebensatz*

↓ ↓ ↓

Die Königinnen erwachen aus ihrer Winterstarre, wenn die ersten Blumen blühen.

↑ ↑ ↑

Prädikat — *Komma* — *Prädikat*

- Ein Nebensatz kann auch in den Hauptsatz eingeschoben werden. Er wird dann mit zwei Kommas vom Hauptsatz getrennt.

Beispiel:

*Du darfst, **wenn du zum Schülersprecher gewählt wirst,** die Abschlussrede halten.*

6 Setze die in Klammern angegebenen Prädikate an die passenden Stellen im Satzgefüge ein. Achte dabei darauf, dass du die richtige Personalform bildest.

Kreise danach die Konjunktion ein, die den Nebensatz einleitet, und unterstreiche das Prädikat des Nebensatzes.

BEISPIEL

Die Larven der Hummel *nennt* man vorübergehend auch Puppen, weil sie wie eine Puppe länger als eine Woche in Reglosigkeit *verharren*. (nennen, verharren)

1. Arbeitshummeln ____________ nur einen Sommer lang, weil nur die Hummelkönigin in Höhlen oder Mauselöchern ____________. (überwintern, leben)
2. Bevor der Winter ____________, ____________ die Arbeiterinnen. (kommen, sterben)
3. Die befruchteten Königinnen ____________ in eine Höhle in der Erde, bis die Sonne den Boden wieder ____________. (schlüpfen, erwärmen)
4. Wenn sie im darauffolgenden Frühjahr wieder ____________, ____________ sie eine neue Kolonie. (gründen, erwachen)

5. Hummeln ______ nur selten, weil sie friedliche Tiere ______. (stechen, sein)
6. Doch auch Hummeln ______ sich bedroht und ______, wenn du sie zu sehr ______. (ärgern, fühlen, zustechen)

7 **Wenn du die letzten beiden Übungen richtig gelöst hast, bist du schon sicher in der Unterscheidung zwischen Haupt- und Nebensatz innerhalb eines Satzgefüges.**

Nun solltest du versuchen, eigene Satzgefüge zu bilden.
Verbinde die beiden Sätze zu einem Satzgefüge. Benutze dabei die in Klammern angegebenen Konjunktionen. Schreibe in dein Heft.

Vergiss nicht, dass Haupt- und Nebensatz durch ein Komma getrennt werden.

1. Nistkästen sind ein sinnvoller Bestandteil des Artenschutzes. Die Nestsuche wird für Vogelpaare immer schwieriger. (weil)
2. Das Hämmern eines Loches in einen Baumstamm ist mühsam. Spechte zimmern sich ihre Wohnungen selbst. (obwohl)
3. Natürliche Brutgelegenheiten für Höhlenbrüter werden immer seltener. Gärten und Parkanlagen werden von absterbenden Bäumen befreit. (weil)
4. Der Naturfreund kann einen wichtigen Beitrag zum Vogelschutz leisten. Er hängt einen Nistkasten im Garten auf. (wenn)
5. Die sehr anpassungsfähigen Meisen im Frühjahr belegen schon viele natürliche Nistplätze. Die Zugvögel finden häufig keine geeigneten Nischen mehr. (während)
6. Der Vogelliebhaber sollte sich nach den Brutvorlieben benachteiligter Vogelarten erkundigen. Er hängt eine Nisthilfe im Garten auf. (bevor)
7. Die Jungvögel sind eine leichte Beute. Ein Schutz vor Katzen und Mardern ist sinnvoll. (da)

DAS MUSST DU WISSEN Nebensatzarten

In den Beispielsätzen sind dir eine ganze Reihe verschiedener Konjunktionen begegnet. Durch sie erhalten die Nebensätze eine ganz unterschiedliche Bedeutung und Aufgabe.

- Ein Nebensatz, der zum Beispiel durch **„weil"** eingeleitet wird, gibt den **Grund** für etwas an.
  Beispiel:
  Weil *wir den Vögeln helfen wollen, hängen wir einen Nistkasten auf.*
- Nach Nebensätzen, die einen Grund für etwas angeben, fragt man mit „warum", „weshalb", „aus welchem Grund". Man nennt sie „kausale Nebensätze".

Hier findest du eine Aufstellung der **wichtigsten Arten von Nebensätzen** mit den dazugehörigen Konjunktionen. Die Beispielsätze dazu machen deutlich, welche Aufgabe der Nebensatz übernimmt.

Aufgabe/ Fragestellung	Konjunktionen	Beispiel	Fachbegriff
Angabe von Grund, Ursache	weil, da	Ich werde dich zu einem Eis einladen, weil du heute Geburtstag hast.	Kausaler Nebensatz
Angabe von Folge, Wirkung	dass, sodass, so ..., dass	Er war so krank, dass er nicht zur Schule gehen konnte.	Konsekutiver Nebensatz
Angabe der Bedingung	wenn, falls, sofern	Wenn du nicht regelmäßig zum Training kommst, darfst du beim Turnier nicht mitspielen.	Konditionaler Nebensatz
Angabe der Zeit	als, bevor, ehe, wenn, nachdem, während	Während sie im Schwimmbad war, wurde ihr Fahrrad gestohlen.	Temporaler Nebensatz

Aufgabe/ Fragestellung	Konjunktionen	Beispiel	Fachbegriff
Angabe einer Einschränkung	obgleich, obwohl, wenngleich	Obwohl er sich gut vorbereitet hatte, war er schrecklich nervös.	Konzessiver Nebensatz
Angabe der Art und Weise	dadurch, dass; indem	Er brachte den Stürmer zu Fall, indem er ihm ein Bein stellte.	Modaler Nebensatz
Angabe von Zweck, Absicht	dass, damit	Die Eltern erhöhen das Taschengeld ihrer Tochter, damit sie ihre Kleidung künftig selber bezahlen kann.	Finaler Nebensatz
Angabe des Ortes	wo, wohin, woher (Relativpronomen)	Er fuhr nach Berlin, wo das Basketballspiel stattfinden sollte.	Lokaler Nebensatz

Achtung, Ausnahme!
Die Wörter, die einen **lokalen Nebensatz** einleiten, sind keine Konjunktionen. Diese Fragewörter übernehmen hier die Funktion von Relativpronomen.

Test

1 Welche Wörter gehören zusammen?

Schreibe die Gruppen auf. Rechnet man das Beispiel mit ein, sind es insgesamt sieben Gruppen. Eine Gruppe kann in drei Untergruppen gegliedert werden.

BEISPIEL

Substantiv – Hauptwort – Fenster, Tür, Haus

Substantiv *laufen* *Relativpronomen* *Fenster*

leider *jener* *Verben* *die* *Eigenschaftswörter* *gehen*

spielen *eine* *Adjektive* *Tür* *Personalpronomen* *das*

Tätigkeitswörter *die* *hell* *bunt* *laut* *Artikel*

bestimmter Artikel *hinweisendes Fürwort* *der*

unbestimmter Artikel *ein* *Präpositionen* *Verhältniswörter*

dieser *Stellvertreter des Substantivs* *über* *Pronomen*

bezügliches Fürwort *der* *Haus* *das* *persönliches Fürwort*

unter *Hauptwort* *neben* *ich* *du* *uns*

Demonstrativpronomen *Begleiter* *das* *Adverbien*

Umstandswörter *heute* *dort*

2 **Forme die Aktivsätze in entsprechende Passivsätze um.**

Aktiv	Passiv
Die Löwin jagt die Antilope.	
Die Schülerinnen und Schüler gratulieren der Lehrerin zum Geburtstag.	
Die Waldarbeiter fällen im Herbst zahlreiche Bäume.	
Der Kfz-Mechatroniker führt in der Urlaubszeit viele Autoinspektionen durch.	
Die Architektin plant die Erweiterung der Realschule.	

3 **Formuliere aus den folgenden Stichpunkten eine Beschreibung für die Zubereitung von Bratäpfeln.**

Forme dazu die Stichpunkte in vollständige Sätze um. Entscheide dabei selbst, wann du das Aktiv oder das Passiv benutzen möchtest.

Bratäpfel in Vanillesoße
Äpfel waschen
Apfelgehäuse ausstechen mit Ausstecher oder Messer
Äpfel füllen mit Haselnüssen, Marmelade, Honig und Rosinen
gefüllte Äpfel in Auflaufform stellen
bei 250 Grad 40 Minuten backen
in der Zwischenzeit Vanillesoße nach Gebrauchsanleitung auf der Packung zubereiten
fertige Äpfel mit heißer Vanillesoße übergießen
sofort servieren

4 **Bringe bei diesem „Satzglieder-Puzzle“ jeweils drei Puzzlesteine richtig zusammen.**

BEISPIEL

Satzglied	Frage	Beispiel
Subjekt	Wer oder was?	der Hund

Adverbiale Bestimmung der Zeit	den Hund	Akkusativobjekt
Wen oder was?	des Hundes	Adverbiale Bestimmung des Grundes
Wann? Wie oft? Wie lange?	Adverbiale Bestimmung des Ortes	Wem?
Wie?	hat gerufen	am Sonntagnachmittag
zu den Großeltern	Wo? Wohin? Woher?	dem Hund
Dativobjekt	Genitivobjekt	mit dem Auto
Wessen?	Was geschieht?	wegen starken Regens
Adverbiale Bestimmung der Art und Weise	Warum?	Prädikat

5 Suche nach passenden Konjunktionen und bilde Satzgefüge.

Formuliere dabei möglichst abwechslungsreich, indem du die Nebensätze mal voranstellst, mal einschiebst oder anhängst. Denke an die Kommasetzung.
Schreibe die Lösungen in dein Heft.

1. Der Lehrer kontrollierte die Hausaufgaben. Der Feueralarm setzte plötzlich ein.
2. Er landete so ungünstig in der Weitsprunggrube. Er verstauchte sich den Knöchel.
3. Sie durfte an den Meisterschaften teilnehmen. Sie hatte die Qualifikation geschafft.
4. Es war wieder glatt auf den Straßen. Der Bus kam heute pünktlich.
5. Die Schülerin half ihrem Banknachbarn bei der Englischarbeit. Sie schob ihr Heft hinüber.
6. Er wollte beim Geräteturnen nicht mitmachen. Er täuschte eine Verletzung vor.
7. Du darfst die Abschlussrede halten. Du wirst zum Schülersprecher gewählt.

6 Im folgenden Text wird über einen Einbruch in die Sporthalle berichtet.

Forme ihn so um, dass er sich flüssig lesen lässt und inhaltliche Bezüge zwischen den einzelnen Aussagen deutlich werden. Benutze dafür Konjunktionen.
Berücksichtige die Kommasetzung bei Satzreihen und Satzgefügen.

So kannst du beginnen:
Gestern wurde in unsere Schulsporthalle eingebrochen, während wir Basketball spielten.

Gestern wurde in unsere Schulsporthalle eingebrochen. Wir spielten Basketball. Einbrecher hatten sich Zugang zu den Umkleiden verschafft. Sie hatten die Türen zu den Umkleideräumen aufgebrochen. In der Halle herrschte ein hoher Lärmpegel. Wir hörten nichts. Die Sportstunde wurde beendet. Wir bemerkten den Einbruch. Es fehlten viele Wertsachen. Fast jeder Schüler hatte ein Handy oder eine Uhr in der Umkleide liegen lassen. Die erste Aufregung war vorbei. Die Polizei wurde benachrichtigt. Die Beamten erstellten ein ausführliches Protokoll. Alle fehlenden Wertgegenstände wurden darin aufgenommen. Jeder einzelne Schüler wurde befragt. Keiner konnte nähere Angaben machen. Keiner hatte etwas gehört oder gesehen. Es konnte kein Verdacht geäußert werden. Wir waren erleichtert. Die Polizei hat den ganzen Vorfall aufgenommen.

4 Richtig schreiben

Das musst du am Ende der Klasse 7 können:

- ▷ Erkennen, welche Wörter großgeschrieben werden, weil sie Substantive oder Substantivierungen sind
- ▷ Sicher entscheiden können, wann man „das“ mit einfachem „s“ und wann man „dass“ mit doppeltem „s“ schreibt
- ▷ Fehler in eigenen Texten erkennen
- ▷ Einen Text nach den Regeln der deutschen Rechtschreibung überarbeiten
- ▷ Das Wörterbuch als Rechtschreibhilfe benutzen
- ▷ Eigene Texte unter dem Aspekt des sprachlichen Ausdrucks bewerten und überarbeiten
- ▷ Zeichen in der wörtlichen Rede richtig setzen

4.1 Groß- und Kleinschreibung

DAS MUSST DU WISSEN Die wichtigsten Regeln

Für die Groß- und Kleinschreibung sind dir schon viele Regeln bekannt. Die wichtigsten sind hier noch einmal zusammengefasst:

- ▶ **Satzanfänge** schreibt man groß.
  Beispiel:
  Wir schreiben eine Klassenarbeit.

- ▶ **Eigennamen** schreibt man groß.
  Beispiel:
  Berliner Straße, Friedrich Schiller, Buß- und Bettag

- ▶ **Satzanfänge in der wörtlichen Rede** schreibt man groß.
  Beispiel:
  Lena sagt: „Morgen schreiben wir eine Klassenarbeit.“

- ▶ **Nach einem Doppelpunkt** schreibt man nur dann groß, wenn ein **vollständiger Satz** folgt.
  Beispiel:
  Die Klassenregel lautet: Wir respektieren das Eigentum anderer.

- ▶ **Anredepronomen** schreibt man in der Höflichkeitsform (*Sie*, *Ihnen*, *Ihr*, ...) groß.
  Beispiel:
  Wir wünschen Ihnen eine gute Reise.

Aufgepasst: Bei Anredepronomen in der 2. Person Singular und Plural ist es dir freigestellt, ob du sie groß- oder kleinschreibst. (Du/du, Dir/dir, Euch/euch, Euer/euer, ...)
Beispiel:
Liebe Mitschüler, wir begrüßen Euch/euch zu unserer Weihnachtsfeier.

- **Substantive** werden großgeschrieben.

TIPPS UND INFOS **Substantive erkennen**

Substantive kann man an verschiedenen Substantivsignalen erkennen.

- **Endungen**
  Alle Wörter, die auf -heit, -keit, -ung, -tum, -nis und -schaft enden, sind Substantive und werden deshalb großgeschrieben.
  Beispiel:
  Gesundheit, *Eigentum*, *Achtung*

Tipp: Alle folgenden Substantivsignale stehen immer **direkt vor** dem Substantiv.

- **Artikel**
  bestimmter Artikel: ***der*** *Regenwurm*
  unbestimmter Artikel: ***ein*** *Spatz*

- **Präpositionen**
  mit Artikel: ***im*** *Haus (= in dem Haus)*
  ohne Artikel: ***mit*** *Freude*

- **Pronomen**
  seine *Ehrlichkeit*, ***eure*** *Krankheit*

- **Adjektive**
  schöner *Zufall*, ***großes*** *Pech*

- **Mengenangaben**
  viel *Geschrei*, ***zehn*** *Minuten*

1 Im folgenden Text verstecken sich viele Signale für Substantive. Sie befinden sich immer vor dem Substantiv.

1. Unterstreiche alle Wörter, die unmittelbar vor einem Substantiv stehen.

Unsere Klassenfahrt

Viele Eltern hatten ihre Kinder zum Bus begleitet. Nachdem dieser endlich angekommen war, drängelten sich vor allem unsere Jungen, um einen der begehrten Plätze in der letzten Busreihe zu bekommen. Nachdem das Gepäck vom Busfahrer verstaut worden war, konnte es endlich losgehen. Die Fahrt dauerte drei Stunden. Sofort bezogen wir unsere Bungalows und richteten uns ein. Am Abend stand eine Rallye auf dem Programm. Dabei lernten wir das Gelände der Sportschule kennen. Mit Spaß und guter Laune erledigten wir sportliche Aufgaben und beantworteten zahlreiche Fragen. Die erste Nacht verlief sehr unruhig. Ohne Unterlass wurde erzählt, herumgealbert und so mancher Streich ausgeheckt. Übermüdet und etwas lustlos saßen wir am nächsten Morgen beim Frühstück. Doch das Vormittagsprogramm weckte unsere Lebensgeister. Unter der kalten Dusche wurden auch die Müdesten von uns wieder wach.

2. Lege nun in deinem Heft eine Tabelle nach folgendem Muster an. Ordne die gefundenen Substantivsignale mit ihren Substantiven in die entsprechenden Spalten ein.

Artikel (bestimmter und unbestimmter)	Präposition (auch in Verbindung mit Artikel)	Pronomen	Adjektiv	Mengenangabe
das Gepäck	**zum** Bus	**unsere** Klassenfahrt	**begehrten** Plätze	**viele** Eltern

2 **In diesem Text verstecken sich einige Fehler. 18 Substantive sind kleingeschrieben. Du erkennst sie an den Substantivsignalen.**

Suche die Fehler, verbessere sie und schreibe den Text fehlerfrei in dein Heft.

Unsere Klassenfahrt (2. Teil)

Beim duschen rutschte einer der jungen schlimm aus. Zum glück hatte er sich nur eine verstauchung zugezogen, sodass er zwar beim Sport nicht mehr mitmachen konnte, er aber nicht im Krankenhaus bleiben musste. Gegen 12.00 Uhr machten wir uns wie ausgehungert über das Mittagessen her. Für den Nachmittag wurde uns etwas aufregendes versprochen. Wir sollten unseren mut an einer Kletterwand erproben. Höchste Sicherheit war dabei angesagt. Zuerst legten wir unter strenger aufsicht und mithilfe der Experten unsere Gurte an, die mit speziellen Knoten am Kletterseil befestigt wurden. Nachdem wir dann bestens gesichert waren, bekamen wir noch einige Tipps für den Aufstieg und es konnte losgehen. Wie die Spinnen versuchten wir, an der steilen Wand hochzuklettern, und kamen dabei ganz schön ins schwitzen. Es kostete viel kraft und überwindung, doch alle versuchten ihr bestes. Einige leichtsinnige trauten sich zu viel zu und kamen dabei ganz schön ins rutschen. Doch sie wurden sicher gehalten und baumelten in ihren Gurten frei schwebend in der Luft. Wer es bis oben schaffte, hatte eine wundervolle aussicht über das gesamte Sportgelände, doch beim blick nach unten wurde so manch übermütigen doch schwindelig. Im großen und ganzen war es ein anstrengender und gleichzeitig aufregender nachmittag.

DAS MUSST DU WISSEN | **Substantivierungen**

Adjektive und Verben können die Funktion eines Substantivs übernehmen. Man schreibt sie dann groß und spricht von Substantivierung. Meistens erkennt man sie ebenfalls an einem vorangestellten Substantivsignal.

BEISPIELE Nominalisierte Adjektive

Adjektiv		**Substantivierung**
Es ist **gut**, dass du mir geholfen hast.	←→	Ich glaube an **das Gute** im Menschen.
Das Wasser des Sees ist **klar**.	←→	Bist du dir über die Konsequenzen **im Klaren?**
Rede nicht **schlecht** über andere Menschen.	←→	Ich habe **nichts Schlechtes** über ihn gesagt.
Ich habe nur **beste** Absichten.	←→	Er hat **sein Bestes** gegeben.

Aufgepasst!
Im folgenden Beispiel steht ein Substantivsignal (Artikel: das) unmittelbar vor dem Adjektiv. Das Adjektiv wird jedoch nicht substantivert, weil sich der Artikel „das" auf das Substantiv „Auto" bezieht.
Beispiel: ***das** rote **Auto***

3 Suche aus den Sätzen alle substantivierten Adjektive heraus.

Unterstreiche sie und ihr Substantivsignal.

1. Es interessierte ihn nicht im Geringsten.
2. Mit ihrem Verdacht traf die Polizei ins Schwarze.
3. Im Allgemeinen erledigt sie ihre Aufgaben sorgfältig.
4. Sie war sich darüber nicht im Klaren.
5. Gegen Mitternacht saßen die Gäste auf dem Trockenen.
6. Das Schicksal wendete sich zum Guten.
7. Sie befürchtete das Schlimmste.
8. Die Fahrt führte sie ins Ungewisse.
9. Er hatte sie vor dem Schlimmsten bewahrt.
10. Er isst gerne viel Süßes.

4 **Entscheide, ob die in Klammern angegebenen Adjektive groß- oder kleingeschrieben werden.**

Setze sie in richtiger Schreibweise in die Lücken ein. Unterstreiche die Substantivsignale.

1. Das ________ (SCHÖNE) daran ist, dass wir keine Hausaufgaben machen müssen.
2. Es ist ________ (SCHÖN), dass wir keine Hausaufgaben machen müssen.
3. Wir machen einen Ausflug ins ________ (GRÜNE).
4. Die ________ (GRÜNEN) Baumkronen bewegen sich im Wind.
5. Wir haben etwas ________ (AUFREGENDES) erlebt.
6. Die Klassenfahrt war wirklich ________ (AUFREGEND).
7. So etwas ________ (DUMMES) habe ich noch nie gehört.
8. Das ist nichts als ________ (DUMMES) Geschwätz.
9. Die ________ (ÜBRIGEN) Brötchen könnt ihr mit nach Hause nehmen.
10. Im ________ (ÜBRIGEN) kann ich morgen nicht kommen.
11. Das ________ (WESENTLICHE) habt ihr nun verstanden.
12. Ihr habt die ________ (WESENTLICHEN) Informationen bekommen.
13. Er kehrte sein ________ (INNERSTES) nach außen.
14. Er teilte ihr seine ________ (INNERSTEN) Gedanken mit.

BEISPIELE **Substantivierte Verben**

Verb		**Substantivierung**
Wenn ich **schwimme**, entspanne ich mich.	←→	**Beim Schwimmen** entspanne ich mich.
Es ist gefährlich, am Ufer zu **spielen**.	←→	**Das Spielen** am Ufer ist gefährlich.
Es klang unheimlich, als er **lachte**.	←→	**Sein Lachen** klang unheimlich.

5 Setze in die Hausordnung die passenden Verben in der richtigen Schreibweise ein.

Die Verben kannst du dem Wortspeicher entnehmen.
Unterstreiche die Substantivsignale.

BEISPIEL

Das **Rennen** in der Aula ist untersagt.
Es ist nicht erlaubt, in der Aula zu **rennen**.

verlassen *spielen* *halten* *benutzen* *entsorgen* *räumen*
verstoßen *abstellen* *abschließen* *betreten*

Aus einer Hausordnung

1. Das ______ im Treppenhaus ist verboten.
2. Kindern ist es nicht gestattet, den Aufzug ohne Begleitung Erwachsener zu ______ .
3. Beim ______ des Gebäudes ist das Licht zu löschen.
4. In den Wintermonaten ist der Mieter zum ______ von Schnee verpflichtet.
5. Das ______ von Haustieren ist den Bewohnern untersagt.
6. Zum ______ von Müll stehen entsprechende Container zur Verfügung.
7. Das ______ von Fahrrädern im Hausflur ist nicht gestattet.
8. Kinder dürfen die Grünanlagen nicht ______ .
9. Nach 22.00 Uhr soll jeder Bewohner die Haustür ______ .
10. Jegliches ______ gegen die Hausordnung wird dem Hauseigentümer gemeldet.

DAS MUSST DU WISSEN Zeitangaben

- Zeiten und Wochentage werden dann **großgeschrieben,** wenn sie **Substantive** sind. Du erkennst sie meistens an den bekannten **Substantivsignalen.**
  Beispiele:
  Artikel: *der Samstag, ein Samstagabend, der Morgen*
  Pronomen: *jeden Samstagabend, gegen Abend*
  Präposition: *am Samstagabend*
- Zeiten und Wochentage werden **kleingeschrieben,** wenn sie **Adverbien** sind. Sie enden häufig auf **–s.**
  Beispiele:
  montags, mittags, gestern, heute, übermorgen, sonntagabends, montags mittags, täglich

  Achtung: Bei Zeitangaben werden sehr oft beide Wortarten miteinander verknüpft. Man schreibt dann entsprechend der Regel die Adverbien klein und die Substantive groß.
  Beispiele:
  heute Morgen, morgen Vormittag, gestern Abend

6 **Ordne die Zeitangaben nach Adverbien und Substantiven und übertrage sie in richtiger Schreibweise in die Tabelle.**

Schreibe die Lösung in dein Heft.

DER ABEND, NACHMITTAGS, AM ABEND, EINES MORGENS, VORGESTERN, GEGEN MITTAG, ABENDS, ÜBERMORGEN, JEDEN NACHMITTAG, DIENSTAGS, MONTAGMORGENS, AM SONNTAGNACHMITTAG, DES NACHTS, MONTAGS NACHTS, HEUTE, GEGEN MORGEN, JÄHRLICH, MITTWOCHABENDS

Substantive + Signal	Adverbien
der Abend	nachmittags

7 Sarah verbringt ihre Sommerferien mit einer Jugendgruppe im Zeltlager. Sie möchte gern ein Tagebuch führen, in dem sie alle Ereignisse festhält.

Dazu legt sie sich eine Tabelle an, in der sie zunächst die Geschehnisse des Tages in Stichpunkten aufschreibt.
Formuliere aus Sarahs Stichpunkten einen zusammenhängenden Text für ihr Tagebuch. Benutze dabei möglichst viele und vielseitige Zeitangaben.

	Samstag	Sonntag
Vormittag	Abreise gegen 10.00 Uhr, Ankunft um 12.30 Uhr, Gepäck ausgepackt, Zelte bezogen, Mittagessen	Gegen 7.30 Uhr aufgewacht, sehr müde, nach Frühstück Dekoration für Gruppenzelt gebastelt
früher Nachmittag	14.00 Uhr Besprechung im Gruppenzelt (Lagerregeln, Dienste verteilt), 15.00 Uhr Kennenlernspiele	Mittagspause bis 15.00 Uhr, währenddessen Gruppenzelt geschmückt, anschließend Wanderung zum Freibad, ganzen Nachmittag im Freibad verbracht
später Nachmittag	Rallye durch das Dorf (2. Platz), 18.30 Uhr Abendessen, Küchendienst	Rückkehr kurz vor dem Abendessen
Abend	Fahne fürs Lager entworfen, Feuerstelle eingerichtet	Festgestellt, dass ich starken Sonnenbrand habe, Singen am Lagerfeuer bis 22.00 Uhr
Nacht	Lange mit Judith gequatscht, Jungen im Nachbarzelt geärgert, gegen 2.00 Uhr eingeschlafen	Wieder keine Nachtruhe, Jungen aus Nachbarzelt haben sich gerächt

4.2 das oder dass?

DAS MUSST DU WISSEN „das“ mit einfachem „s“

Du weißt, dass das Wort **das/s** sowohl mit **einfachem** s als auch mit **doppeltem** s geschrieben werden kann *(das - dass)*. Für „das“ mit einfachem „s“ gilt Folgendes:

- **Artikel**
  Wenn es sich bei dem Wort *„das“* um einen bestimmten Artikel handelt, schreibst du es mit *einfachem s.*
  Beispiele:
  ***das** Haus, **das** Spiel, **das** Pferd*

- **Relativpronomen**
  Das Relativpronomen bezieht sich auf ein vorangegangenes Substantiv im gleichen Satz und leitet einen Nebensatz ein.
  Beispiel:
  *Das Pferd, **das** auf der Koppel steht, gehört mir.*

  In diesem Satz bezieht sich das fett gedruckte Wort *„das“* (= Relativpronomen) auf das Pferd im vorderen Teil des Satzes.

- **Demonstrativpronomen**
  Das Demonstrativpronomen bezieht sich auf eine Sache, die bereits im vorherigen Satz gesagt wurde.
  Beispiel:
  *Ich kann mir **das** kaum vorstellen.*

Die Ersatzprobe
Wenn man *„das“* durch *dieses, jenes* oder *welches* ersetzen kann, handelt es sich um ein Pronomen und du schreibst es mit *einfachem s.*

- Relativpronomen:
  *Das Pferd, **das** auf der Koppel steht, gehört mir.*
  *Das Pferd, **welches** auf der Koppel steht, gehört mir.*
- Demonstrativpronomen:
  *Ich kann mir **das** kaum vorstellen.*
  *Ich kann mir **dieses** kaum vorstellen.*

1 Handelt es sich in den folgenden Sätzen um ein Relativpronomen oder ein Demonstrativpronomen?

Kreuze an. Führe danach die Ersatzprobe durch. Schreibe in dein Heft.

BEISPIEL

Das Leben der Wale ist ein Thema, das mich ganz besonders interessiert. (Relativpronomen)
→ Das Leben der Wale ist ein Thema, welches mich ganz besonders interessiert.

Meine Schwester findet Wale langweilig. Ich kann das nicht verstehen. (Demonstrativpronomen)
→ Meine Schwester findet Wale langweilig. Ich kann dieses nicht verstehen.

1. Weißt du, ob das Pferd, **das** im Stall steht, Ina gehört?

   ☐ Relativpronomen ☐ Demonstrativpronomen

2. Das Wetter, **das** wir in den letzten Wochen hatten, war nicht sehr gut.

   ☐ Relativpronomen ☐ Demonstrativpronomen

3. Peter hat die Mathearbeit vergeigt. Ich kann **das** nicht verstehen.

   ☐ Relativpronomen ☐ Demonstrativpronomen

4. Ute soll sich mit Tim gestritten haben, aber ich kann mir **das** nicht vorstellen.

   ☐ Relativpronomen ☐ Demonstrativpronomen

5. Das Theaterstück, **das** wir mit unserer Klasse besucht haben, war toll.

   ☐ Relativpronomen ☐ Demonstrativpronomen

6. Morgen soll es schneien, aber ich kann **das** noch gar nicht glauben.

   ☐ Relativpronomen ☐ Demonstrativpronomen

7. Denkst du daran, das Buch, **das** du bestellt hast, abzuholen?

   ☐ Relativpronomen ☐ Demonstrativpronomen

DAS MUSST DU WISSEN „dass“ mit doppeltem „s“

Nebensätze können als Einleitungswort eine Konjunktion (= *Bindewort*) haben (vergleiche Seite 57). Zu den häufigsten Konjunktionen gehört das Wort „dass“.

- Die Konjunktion „dass“ wird häufig nach Verben gebraucht, die etwas über das Denken, Sagen oder Fühlen ausdrücken, z. B. *meinen*, *glauben*, *wissen*, *hoffen*, *befürchten*, *wünschen*, ...
- **Vor** der Konjunktion „dass“ steht immer ein **Komma!**

Beispiele:
*Ich **meine, dass** wir morgen einen Test schreiben.*
*Ich **glaube, dass** das Wetter morgen gut wird.*
*Wir **wissen, dass** wir für die Klassenarbeit üben müssen.*

Tipp: Die Konjunktion *„dass“* kann **nicht** durch eines der Wörter *dieses, jenes* oder *welches* ersetzt werden.

2 **Verbinde im Folgenden jeweils zwei Satzteile durch die Konjunktion „dass“ zu einem Haupt- und Nebensatz. Denke an das Komma!**

Schreibe die Lösungen in dein Heft.

BEISPIEL

Ich weiß — *Ich darf morgen zur Schule gehen.*

Ich weiß, dass ich morgen zur Schule gehen darf.

Ich bin mir sicher — *Ich habe die Prüfung bestanden.*

Ich bin mir sicher, dass ich die Prüfung bestanden habe.

1. Wir hoffen	Wir machen bald einen Wandertag.
2. Ich kann mir nicht vorstellen	Wir schreiben morgen eine Deutscharbeit.
3. Ich bewundere an dir	Du bleibst vor einer Klassenarbeit immer ganz ruhig.
4. Wir wünschen uns	Unser Klassenraum wird bald gestrichen.

TIPPS UND INFOS – **Nebensatz hinter und vor dem Hauptsatz**

Die Satzkonstruktion, die du jetzt gebildet hast, besteht jeweils aus Haupt- und Nebensatz (die Konjunktion „dass“ leitet den Nebensatz ein).

- In den Übungssätzen oben steht der Nebensatz jeweils **hinter dem Hauptsatz**. Dies muss nicht immer so sein.
  Beispiel:
  Dass ich morgen zur Schule gehen darf, weiß ich.
- Du siehst, dass die einleitende Konjunktion mit dem Nebensatz auch am **Anfang des Satzgefüges** stehen kann. Das Komma zwischen Haupt- und Nebensatz bleibt dabei erhalten.

3 Formuliere nun die vier Sätze der letzten Übung so um, dass die Konjunktion „dass“ und damit der Nebensatz zu Beginn des Satzgefüges steht.

Denke an das Komma zwischen Haupt- und Nebensatz.
Schreibe in dein Heft.

1. Dass wir bald einen Wandertag machen, ...

4 Bilde nun in deinem Heft mit den folgenden Verben jeweils ein Satzgefüge, in dem die Konjunktion „dass“ den Nebensatz einleitet.

Denke an das Komma zwischen Haupt- und Nebensatz.
Schreibe die Lösung in dein Heft.

vertrauen *sagen* *befürchten* *ahnen* *denken*
vermuten *erwarten* *bedenken* *befehlen* *wissen*

BEISPIEL

Ich vertraue darauf, dass ich nach dieser Übung die Regel verstanden habe.

4.3 Rechtschreibfehler finden und korrigieren

TIPPS UND INFOS **Eigene Texte kontrollieren**

Wenn du selbst Texte schreibst, z. B. Aufsätze, ist es wichtig, dass du dich vergewisserst, dass keine unnötigen Rechtschreib- und Zeichensetzungsfehler in dem Text stehen bleiben.

Eigene Texte kontrollierst du, indem du

- den gesamten Text noch einmal liest und prüfst, ob jeder Satz verständlich ist und keine Wörter ausgelassen oder doppelt geschrieben wurden.
- mithilfe einer Korrekturkarte (siehe unten) jedes einzelne Wort zunächst auf sogenannte Flüchtigkeitsfehler prüfst (Fehlen einzelne Buchstaben? Sind einzelne Buchstaben verdreht oder doppelt?).
- den Text (z. B. auch von unten nach oben oder hinten nach vorn gelesen) auf bestimmte Rechtschreibprobleme, z. B. die Groß- und Kleinschreibung, s-Laute, Doppelkonsonanten ..., prüfst.

BEISPIEL **Eine Korrekturkarte basteln**

Eigene Fehler erkennt man besser, wenn man sich jedes einzelne Wort genau ansieht und sich nicht durch den übrigen Text ablenken lässt. Mit einer Korrekturkarte kannst du einzelne Wörter hervorheben, indem du die vorherigen und nachfolgenden Wörter des Satzes abdeckst.

So sieht eine Korrekturkarte aus:

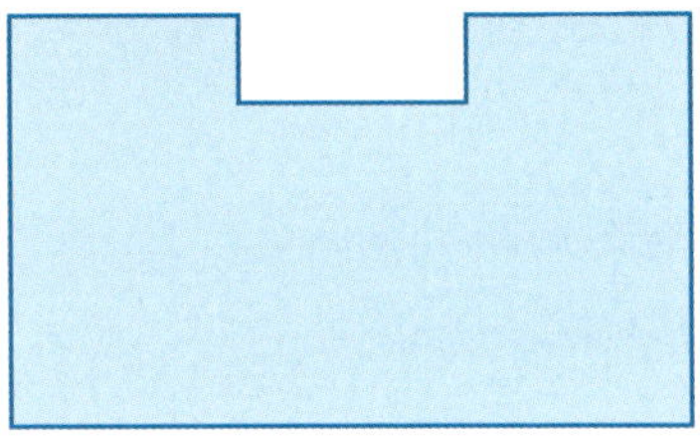

Du kannst sie aus einer Karteikarte leicht anfertigen, indem du einen etwa 1 cm breiten und etwa 5 cm langen Streifen ausschneidest.

1 Die folgende Einleitung zur Inhaltsangabe der Ballade „Der Zauberlehrling" von Johann Wolfgang von Goethe enthält acht Rechtschreibfehler.

Sieh dir den Satz genau an und prüfe nach den oben genannten Regeln die Rechtschreibung.

Die Balade „Der Zauberlerling" von Johann Wolfgang von Goethe erzählt
die Geschichte eines Zauberehrlings, der in Apwesenheit seines Leermeisters mutig einen Besem verzaubert und daduch beinahe eine große Überschwämmung herbeiführt.

2 Eine weitere Möglichkeit, die Rechtschreibung zu kontrollieren, ist die Überprüfung mit einem Wörterbuch.

Bist du dir bei der Schreibung eines Wortes nicht ganz sicher, schlägst du das Wort einfach nach.
Leider findest du nicht jedes geschriebene Wort im Wörterbuch, häufig musst du die Grundform bilden oder das Wort in „Einzelwörter“ zerlegen.

BEISPIEL

Der Clown **verbeugte** sich am Ende der Vorstellung.

→ verbeugte – verbeugen/Verbeugung

Es **gelang** ihm, das Publikum zu begeistern.

→ gelang – gelingen

1. Prüfe die Rechtschreibung der folgenden Wörter mithilfe eines Wörterbuches.
2. Bilde, wenn nötig, die Grundform oder zerlege das Wort.
3. Notiere auch die Bedeutung des Wortes.

Intention:

Basillika:

Er holte seine Tasche. – **holte:**

Tellegraphenstation:

Schlüselqualifikazion:

Konfliktverhalten:

Suchtpräwention:

Er bekam kalte Füße. – **bekam:**

4.4 Zeichensetzung

DAS MUSST DU WISSEN Satzschlusszeichen

In der Zeichensetzung kennst du vier verschiedene Zeichen, die am Ende eines Satzes stehen können.

- **Punkt** (Aussagesatz)
  Beispiel:
  Sie geht zur Schule.

- **Fragezeichen** (Fragesatz)
  Beispiel:
  „Gehst du morgen zur Schule?“

- **Ausrufezeichen** (Aufforderung, Ausruf)
  Beispiel:
  „Nimm deine Tasche mit!“
  „Oh, sieh mal!“

- **Doppelpunkt** (vor einer weiterführenden Aussage)
  - Folgt nach dem Doppelpunkt ein vollständiger Satz, dann wird dessen Satzanfang **groß**geschrieben.
    Beispiel:
    Sie überlegte sich Folgendes: Heute Nachmittag werde ich schwimmen gehen.
  - Folgt lediglich eine Aufzählung oder ein Satzteil, so wird nach dem Doppelpunkt **klein**geschrieben.
    Beispiel:
    Sie packte Folgendes in ihre Schwimmtasche: ein Handtuch, Sonnencreme, eine Flasche Mineralwasser und ihren Badeanzug.

DAS MUSST DU WISSEN Das Komma

- **Das Komma in einer Aufzählung**
  Wörter und Wortgruppen werden innerhalb einer Aufzählung durch Kommas getrennt.
  Beispiele:
  Wörter: *Der neue Lehrer unterrichtet die Fächer Deutsch, Englisch, Erdkunde und Politik.*
  Wortgruppen: *Der völlig verwirrte, total verwahrloste Landstreicher wurde von der Polizei aufgegriffen.*

Achtung: Vor den Konjunktionen *und, oder, entweder ... oder, sowohl ... als auch* steht kein Komma.
Beispiele:
Der Landstreicher war ***sowohl*** *völlig verwirrt* ***als auch*** *total verwahrlost.*
Die Blumen waren ***entweder*** *vertrocknet* ***oder*** *verwelkt.*

▶ **Das Komma bei entgegensetzenden Konjunktionen**
Nach entgegensetzenden Konjunktionen wie *aber, sondern, jedoch, doch* werden Wörter oder Wortgruppen durch Kommas getrennt.
Beispiele:
Er kam erschöpft, ***aber*** *zufrieden vom Basketballspiel nach Hause.*
Sie wurden nicht Kreismeister, ***sondern*** *Vizemeister.*

▶ **Das Komma in der Satzreihe und im Satzgefüge**
Hierzu findest du Regeln und Übungen auf den Seiten 77 bis 85.

1 **Setze die passenden Satzschlusszeichen.**

Im Freibad

Susi packte ihre Tasche und machte sich auf den Weg ins Freibad ▯ An der Kasse traf sie Carlo ▯ Doch wen hatte er da mitgebracht ▯ Das war doch tatsächlich Sascha, der Neue aus der Parallelklasse. „Hi, Sascha“, stotterte Susi verlegen. Sie wurde rot und nahm sich Folgendes vor ▯ Heute Nachmittag werde ich Sascha zu einem Eis einladen. Ob er wohl annehmen wird ▯ Am Beach-Volleyballfeld trafen sie die anderen aus der Clique ▯ Sie begrüßten sich stürmisch und stürzten gleich ins kühle Nass. „Puh, ist das kalt ▯“, rief Susi prustend. Dann wurde der 5-Meter-Turm geöffnet ▯ ein Schauspiel für alle Freibadbesucher. Wer wohl heute seine Kunststücke zum Besten geben würde ▯ Schon bald drängelten sich zahlreiche Zuschauer am Beckenrand. „Los, Jungs, traut euch ▯“, ermunterten die Mädchen ihre Klassenkameraden. Die kühnsten Sprünge wurden mit tosendem Applaus belohnt ▯ Nach diesem Spektakel traf man sich bei Eis und Pommes auf der Liegewiese zum Faulenzen.
Allen war klar ▯ Morgen treffen wir uns wieder im Freibad ▯

DAS MUSST DU WISSEN — **Satzzeichen bei wörtlicher Rede**

- **Einleitender Redebegleitsatz**
  Zwischen dem Redebegleitsatz und der wörtlichen Rede steht ein Doppelpunkt. Das Satzschlusszeichen der wörtlichen Rede steht innerhalb der Anführungszeichen, z. B.:
  Die Schülerin antwortet: „Schiller ist ein bekannter deutscher Dichter."
- **Nachgestellter Redebegleitsatz**
  Der nachgestellte Redebegleitsatz und die wörtliche Rede werden durch ein Komma voneinander getrennt.
  a) Dabei entfällt der Punkt bei der wörtlichen Rede, z. B.:
  „Schiller ist ein bekannter deutscher Dichter", antwortet die Schülerin.
  b) Frage- und Ausrufezeichen bleiben bei der wörtlichen Rede erhalten, z. B.:
  „War Schiller nicht ein berühmter Dichter?", antwortete die Schülerin.
  „Ich weiß es!", rief eine Schülerin in die Klasse.
- **Eingeschobener Redebegleitsatz**
  Auch der eingeschobene Redebegleitsatz wird durch Kommas von der wörtlichen Rede getrennt, z. B.:
  „War Schiller nicht ein berühmter Dichter", antwortete die Schülerin, „der ungefähr zur gleichen Zeit wie Goethe gelebt hat?"

2 **Setze in den folgenden Text die passenden Satzzeichen für die wörtliche Rede ein.**

Wolf und Lamm *von Aesop*

Ein Wolf kam an einen Bach, um dort zu trinken. Da gewahrte er ein Lamm, das ein Stück unterhalb von ihm seinen Durst löschte.

___ Warum trübst du mir das Wasser, das ich trinken will ___ wollte er wissen.

___ Wie kann ich das Wasser trüben ___ antwortete das Lamm ___ das von dir zu mir herabfließt ___

___ Jedenfalls weiß ich ___ sagte der Wolf ___ dass du vor fünf Monden übel von mir geredet hast ___

Das Lamm erwiderte ___ Wie soll das möglich sein? Damals war ich noch gar nicht geboren ___

___ Dann ist es dein Vater gewesen ___ schrie der Wolf und zerriss das Lamm, um es zu verschlingen.

Test

1 **Lisa und Jan arbeiten in der Schülervertretung (SV) mit. Da das Pausenverhalten in den letzten Monaten immer häufiger auf Kritik gestoßen war, wurde die SV beauftragt, sich über konkrete Regeln Gedanken zu machen.**

Zwischen Lisa und Jan entwickelt sich ein Gespräch mit vielen Ideen.
Forme die Ideen der beiden in konkrete Verbote und Gebote um und schreibe sie in dein Heft. Benutze dazu, wo sinnvoll, substantivierte Verben.

BEISPIEL

Das Toben in den Klassenräumen ist verboten.

L: Die Schüler sollten sich nicht ständig in den Klassenräumen aufhalten, sondern auf den Schulhof gehen.

J: Aber dabei dürfen die Grünanlagen grundsätzlich nicht betreten werden.

L: Unter Aufsicht könnten die Schüler der Unterstufe ja auf dem Sportplatz spielen.

J: Es darf keinem Schüler und Lehrer erlaubt sein, auf dem Schulgelände zu rauchen.

L: Die Schüler dürfen das Schulgelände auch in den Pausen nicht verlassen, auch die älteren Schüler nicht.

J: Aber auf den Gängen darf in den Pausen nicht herumgespielt werden.

L: Im Schulgarten sollte man sich aufhalten dürfen, wenn der Klassenlehrer es erlaubt hat.

J: Die Schüler der SV könnten Spielgeräte an die jüngeren Schüler ausleihen.

L: Aber in der Schulbibliothek dürfen sich Schüler aufhalten, die dort etwas ausleihen oder lesen möchten.

2 **Ergänze den Text „Im Tierheim“ mit den angegebenen Zeitangaben.**

GESTERN, JEDEN MORGEN, DIENSTAGS, FRÜHEN MORGEN,

VORGESTERN, SONNTAG, SPÄTEN ABENDSTUNDEN, GESTERN,

NACHMITTAG, GESTERN ABEND, SPÄTABENDS, FRÜHEN ABEND,

MITTAG, WERKTAGS

Im Tierheim

Ich bin eine große Tierfreundin und habe deshalb ________ einen Tag im Tierheim verbracht. Schon am ________ traf ich dort ein, um die ersten Tiere zu versorgen. Wie ________ wurden zuerst einige Hunde ausgeführt und anschließend gefüttert. Kurz danach kam auch schon der Tierarzt, denn ________ werden hier alle neu hinzugekommenen Hunde und Katzen geimpft. Der Arzt hatte viel zu tun, denn ________ und ________ waren insgesamt fünf junge Katzen im Tierheim abgegeben worden. Zwei von ihnen waren am ________ in den ________ auf einem Parkplatz ausgesetzt und von einem Taxifahrer gefunden worden.

Gegen ________ machte ich eine kurze Pause, doch es warteten für den ________ noch eine Menge Aufgaben auf mich. Bis zum ________ war ich damit beschäftigt, Käfige zu säubern. Dann ging noch ein Notruf ein. So kam es, dass ich ________ noch mit einer Tierpflegerin zu einem abgelegenen Haus fuhr, um dort zwei völlig verwahrloste Welpen mitzunehmen. So fuhr ich ________ zwar erschöpft, aber zufrieden wieder nach Hause. Sicher werde ich in den Ferien dort ________ häufiger aushelfen.

3 **Setze in den folgenden Text „das“ oder „dass“ ein und begründe die Schreibweise mit einfachem s oder doppeltem s, indem du jeweils angibst, um welche Wortart es sich handelt (Relativpronomen, Demonstrativpronomen oder Konjunktion).**

Weißt du, **dass** ich morgen einen Termin beim Zahnarzt	*Konjunktion*
habe? ____ mir	
____ nicht gefällt,	
____ kannst du dir doch sicherlich vorstellen.	
Warum ____ aber auch immer sein muss?	
____ habe ich meine Mutter auch gefragt	
und sie hat mir gesagt, ____ man	
jedes Jahr zum Zahnarzt gehen muss, um eine	
Kontrolluntersuchung machen zu lassen. ____ Bohren ist für	
mich ____ Schlimmste. Ich bekomme schon eine Gänsehaut,	
wenn ich ____ Geräusch nur höre.	
Ich denke aber, ____ es morgen nicht allzu schlimm werden	
wird, ____ tägliche Zähneputzen nehme ich nämlich immer	
sehr ernst. Also weiß ich, ____ meine Angst unbegründet ist	
und ich dem Termin ganz gelassen entgegensehen kann.	

Adjektiv 56, 86, 91, 93f.
Adressat 10f., 17
Adverb 62, 86, 97
Adverbiale Bestimmung 76
Akkusativobjekt 75, 88
Aktiv 68ff., 72
Argument (Pro/Kontra) 23ff., 36
Argumentationskette 30, 36
Artikel 56, 86, 91, 97, 99
Aufforderung 105
Aufsatzkontrolle 31
Aufzählung 77, 105
Ausruf 105
Ausrufezeichen 105, 107
Aussagesatz 105

Ballade 43ff., 50, 54f.
Bastelanleitung 10, 12ff.
Behauptung 23, 26
Binnenreim 44

Dativobjekt 75, 88
Demonstrativpronomen 60, 86, 99
Diagramm 41ff., 53
Doppelpunkt 90, 105, 107
Dramatik 44, 50

Einleitung (Inhaltsangabe) 8, 10
Epik 44
Ersatzprobe 99

Flüchtigkeitsfehler 103
Fragesatz 105
Fragezeichen 105
Futur I 64f., 73

Gebrauchstext 10
Genitivobjekt 75, 88
Groß- und Kleinschreibung 90ff.

Handlungsschritt 7ff.
Handlungsträger 69ff., 72
Hauptsatz 57, 77ff.
Hauptteil
  Inhaltsangabe 8
  Vorgangsbeschreibung 11
Hilfsverb 63ff., 70, 74

Infinitiv 70
Inhaltsangabe 5ff., 8

Konjugation 66
Konjunktion 56ff., 78f., 81f., 84f., 101f., 106
Korrektur 31, 103
Korrekturkarte 103
Kreuzreim 44

Lyrik 43f.

Metapher 48, 50

Nebensatz 57, 81f., 84f., 99, 101
Nebensatzart 84f.
Nomen *siehe Substantiv*
Nominalisierung *siehe Substantivierung*

Paarreim 44
Partizip II 63, 69
Passiv 11, 68ff.
Perfekt 63, 65, 73
Personalform 66f., 69, 81
Personalpronomen 56, 60, 86
Personenbeschreibung 17ff.
Plural 66
Plusquamperfekt 65f., 73
Possessivpronomen 56, 60
Prädikat 63f., 69, 74f., 77, 81f.
Präposition 56, 86, 91, 97
Präsens 8, 11, 63, 65, 73
Präteritum 63, 65, 73
Pronomen 60, 86, 91, 97, 99
Punkt 105, 107

Redebegleitsatz 107
Refrain 43
Reimschema 43 f.
Relativpronomen 60, 85 f., 99

Sachtext 37 ff., 40, 44, 53
Satzgefüge 77 ff., 81 ff.
Satzglied 74 ff., 77, 88
Satzreihe 77 ff.
Satzschlusszeichen 105, 107
Schlüsselbegriff 39 f., 53
Schreibkonferenz 31
Singular 66
Sinnabschnitt 39 f., 50, 53
Standpunkt 23 ff.
Strophe 43
Subjekt 69, 74 f., 77, 88
Substantiv 56, 86, 91, 97
Substantivierung 93 ff.
Substantivsignal 91, 93, 97

Tempus 73
Textüberarbeitung 31 ff.
These 26

Umschließender/Umarmender Reim 44
Umstellprobe 75

Verb 56, 63 ff., 66 f., 86, 93, 95
Vers 43
Vorgangsbeschreibung 9 ff., 14

W-Fragen 7, 40 f.
Wortarten 56 ff.
Wörtliche Rede 9, 44, 107

Zeichensetzung 105 ff.

Besser in

Cornelsen SCRIPTOR

Deutsch Lösungsheft

7. Klasse
Realschule

1 Texte schreiben

1.1 Inhaltsangabe

Übung 2 Seite 7

Die Aussagen 2, 4 und 5 sind richtig.

Übung 3 Seite 7

Wo?
Im tropischen Urwald, kurz vor der Eisenbahnbrücke über den Rio Fabre
Wann?
Keine genaue Zeitangabe, kurz bevor der Zug die Brücke erreicht
Was?
Der Lima-Express wird kurz vor der Brücke durch einen gefällten Baum zum Stehen gebracht. Passagiere halten Alfonso für einen Saboteur und quälen ihn fast zu Tode. Alfonso kann mit letzter Kraft auf die Gefahr aufmerksam machen. Passagiere sind betroffen und sehen ihren Irrtum ein.
Wie?
Stoppen des Zuges durch gefällten Baum
Warum?
Alfonso möchte Katastrophe verhindern, aber Passagiere und Zugführer halten Alfonso für einen indianischen Saboteur; sie haben Vorurteile gegenüber dem indianischen Jungen.
Welche Folgen?
Alfonso wird fast zu Tode gequält. Nachdem der Irrtum erkannt wurde, tritt Betroffenheit, Beschämung ein; Alfonso wird medizinisch versorgt.

Übung 4 Seite 8

Handlungsabschnitte

- Während der Lima-Express noch rechtzeitig zum Stehen kommt, bricht Alfonso erschöpft zusammen.
- Die Passagiere beschimpfen und quälen Alfonso, weil sie ihm Sabotage unterstellen und den wahren Grund seines Handelns nicht kennen.
- Alfonso gelingt es, auf die Brücke aufmerksam zu machen.
- Die Passagiere und der Zugführer verstehen seine Botschaft und überprüfen die Brücke.
- Die Erkenntnis, dass Alfonso allen Reisenden das Leben gerettet hat, löst Betroffenheit bei ihnen aus.
- Alfonso wird medizinisch versorgt.

Inhaltsangabe – Aufbau und Sprache

Sprache

1. Schreibe sachlich und reduziere deinen Text auf das Wesentliche.
2. Vermeide überflüssige Ausschmückungen und unwichtige Einzelheiten.
3. Verzichte auf spannungssteigernde Elemente. Wörtliche Rede gehört nicht in eine Inhaltsangabe.
4. Bringe deinen Text in eine nachvollziehbare Reihenfolge.
5. Fasse den Text mit eigenen Worten zusammen.
6. Denke stets daran, das Präsens zu verwenden.

Übung 5 Seite 9

Lösungsvorschlag Inhaltsangabe:

In dem Roman „Der Lima-Express“ von Hermann Klingler/Ronald Ross geht es um den Indiojungen Alfonso, dessen mutiges und selbstloses Handeln, durch das er eine Katastrophe verhindert und vielen Menschen das Leben rettet, aufgrund von Vorurteilen zunächst verkannt wird.

Während seiner Arbeit als Holzfäller im tropischen Urwald bemerkt Alfonso, dass die Eisenbahnbrücke über den Rio Fabre, über den täglich der Lima-Express fährt, unterspült und vom Einsturz bedroht ist. Er schafft es, den Zug durch einen gefällten Baum, den er über die Schienen fallen lässt, zum Stehen zu bringen, doch er selbst bricht vor Erschöpfung zusammen. Die erhoffte Hilfe von den Passagieren bleibt aus, denn diese halten ihn für einen Saboteur. Sie schlagen und quälen den Indiojungen bis zur Bewusstlosigkeit und diskutieren über seine Bestrafung. Mit letzter Kraft gelingt es Alfonso, die Passagiere auf die instabile Brücke aufmerksam zu machen, bevor er erneut zusammenbricht. Nachdem einige Passagiere und der Zugführer seinen Rat befolgt und die Brücke überprüft haben, löst die Erkenntnis, dass Alfonso allen Reisenden das Leben gerettet hat, Betroffenheit aus. Medizinische Versorgung wird für ihn in die Wege geleitet.

1.2 Vorgangsbeschreibung

Übung 1 Seite 10

1. Die Einleitung enthält eine Aufstellung der benötigten Materialien und Werkzeuge.
   Manchmal enthält sie eine Zeitangabe zur ungefähren Dauer der Tätigkeit.
   Im Hauptteil werden die einzelnen Arbeitsschritte in zeitlich richtiger Reihenfolge geschildert.
   Der Schluss weist nochmals kurz auf den Zweck der Arbeit bzw. auf das Ergebnis hin.

Übung 2 Seite 11

1. Luftballon, Tapetenkleister, ...
2. Tapetenkleister mit Wasser anrühren ...
3. Zeitung in Streifen schneiden ...
4. eine Hälfte des aufgeblasenen Luftballons ...
5. Luftballon zerstechen und Kanten ...
6. Maske vor das Gesicht halten ...
7. in die Rückseite der Maske beidseitig ...
8. Papiertaschentücher in Tapetenkleister ...
9. die Taschentücher auf die Maske ...
10. aus Modelliermasse Zähne formen ...
11. Maske anmalen ...

Lösungsvorschlag Vorgangsbeschreibung:

Zum Herstellen einer Halloween-Gruselmaske benötigst du einen Luftballon, Tapetenkleister, Zeitungen, Schere, Stift, Papiertaschentücher, Modelliermasse, Wasserfarbe, Deckweiß, Pinsel, Zahnstocher, Leuchtfarbe und ein Gummiband.

Den Tapetenkleister rührst du zunächst nach Anleitung an und den Luftballon bläst du bis zur gewünschten Größe auf. Anschließend wird die Zeitung in schmale, ca. 2 cm x 6 cm große Streifen geschnitten. Diese tauchst du dann in den Tapetenkleister. Nun kannst du eine Hälfte des aufgeblasenen Luftballons mit den feuchten Zeitungsstreifen bekleben.

Nachdem alles getrocknet ist, wird der Luftballon zerstochen und die Kanten werden glatt geschnitten.

Im Anschluss daran musst du die Maske vor dein Gesicht halten und Kreise anstelle der Augen einzeichnen. Dann stichst du in die Rückseite der Maske beidseitig Löcher und befestigst das Gummiband mit den Zahnstochern. Schließlich werden die Papiertaschentücher ebenfalls in Tapetenkleister getaucht und danach auf die Maske geschichtet. Dabei modellierst du die Form eines Totenschädels.

Die Zähne für deine Maske formst du nun aus der Modelliermasse. Nachdem sie befestigt wurden, müssen sie gründlich aushärten.

Zum Schluss kannst du deine Maske noch nach Belieben anmalen und mit der Leuchtfarbe überstreichen.
Nun ist deine Maske einsatzbereit.

Übung 3 Seite 15

Lösungsvorschlag:

Zum Designen eines T-Shirts benötigst du ein einfaches Baumwoll-T-Shirt, Stofffarbe deiner Wahl, einen Borstenpinsel, mindestens zwei

Bögen Pappe sowie eine Schere oder einen Cutter. Zuerst solltest du dir genau überlegen, mit welchem Motiv du dein T-Shirt aufpeppen möchtest. ~~Ich habe mir mein Sternzeichen auf das neue T-Shirt gedruckt, das sieht ziemlich cool aus.~~ Entweder entwirfst du selbst ein Bild oder du lädst dir im Internet ein Motiv herunter. Dort findest du zahlreiche Anregungen. ~~Außerdem macht es dir sicher Spaß, ein wenig im Internet zu surfen.~~ Wichtig bei der Auswahl eines Motivs ist, dass es Umrisse hat, die sich gut ausschneiden lassen. Übertrage dann dein Bild auf ein Stück Pappe und schneide die Konturen sorgfältig aus. So erhältst du eine Schablone. Achte dabei darauf, dass die Kanten glatt geschnitten und nicht verbogen sind. Suche nun eine passende Stelle auf deinem T-Shirt, wo du dein Bild platzieren möchtest, und lege deine Vorlage darauf. Anschließend schiebst du ein zweites Stück Pappe in das T-Shirt hinein, damit die Farbe beim Auftragen nicht durchnässt.

~~Das ist dann eine Kleckerei und dein T-Shirt ist hin.~~ Jetzt tauchst du den Pinsel in die Farbe, streifst ihn ein wenig ab und betupfst von oben den Stoff in der Schablone. ~~Das ist ganz schön schwierig und ich habe mir beim ersten Versuch mein neues T-Shirt versaut.~~ Die Farbe darf nicht zu dünn sein, sonst läuft sie unter die Ränder der Schablone und die Umrisse deines Bildes werden unscharf. Dabei musst du die Pappe mit der anderen Hand fest auf den Stoff drücken, damit die Schablone nicht verrutscht. Auf diese Art betupfst du die ganze Fläche mit Farbe.

Wenn du damit fertig bist, nimmst du die Schablone vorsichtig herunter und lässt dein T-Shirt trocknen. Abschließend muss die Farbe noch fixiert werden. Dazu musst du dein T-Shirt nur bügeln. Stelle das Bügeleisen auf Baumwollstufe ein und fahre nun mehrere Male vorsichtig über das Motiv. ~~Vielleicht kann das ja auch eure Mutter für euch erledigen.~~ Nun kannst du dich in deinem neuen Outfit sehen lassen.

1.3 Personenbeschreibung

Übung 1 Seite 18

stattlich, unnahbar, streng, erhaben, junge Frau, Königin, schlank, Umhang aus weißem Pelz, langer, glänzender Stab in linker Hand, aufrechte Körperhaltung, prächtiges weißes Gewand, spitze Krone aus Eis als ihr einziger Schmuck, entschlossene Körperhaltung, rechte Hand energisch gegen Taille gestützt, Herrscherin, elegant

Übung 2 Seite 19

Lösungsvorschlag:

Jadis, die Weiße Hexe, herrscht als selbsternannte Königin über Narnia. Sie ist noch sehr jung, besitzt aber schon ein stattliches und selbstbewusstes Auftreten. Jadis führt eine Schreckensherrschaft und ihre Kälte spiegelt sich in ihrer ganzen Erscheinung wider.

Durch ihre aufrechte Körperhaltung wirkt sie streng und unnahbar. Jadis ist groß und schlank, sie stützt die rechte Hand energisch gegen ihre Taille, wodurch der Eindruck einer entschlossenen und kaltherzigen Herrscherin entsteht. Eine spitze Krone aus Eis stellt ihren einzigen Schmuck dar, als weiteres Zeichen ihrer Macht und Zauberkraft hält sie einen langen Stab in der Hand. Die Weiße Hexe wird von einem prächtigen Gewand umhüllt, das einem Umhang aus weißem Pelz gleicht. Darunter trägt sie ein langes weiß-hellblau schimmerndes, schulterfreies Kleid, das ihre schlanke Figur betont.

Ihre ganze Erscheinung und ihr Auftreten strahlen Stolz, Erhabenheit und kalte Eleganz aus.

Übung 3 Seite 20

1.

freundlich, ...	Gesichtsausdruck
kurz, ...	Haare
schmal, groß, ...	Augen (Form und Ausdruck)
buschig, ...	Augenbrauen
lang, ...	Hals
schmal, breit, ...	Nase
rot, ...	Lippen/Mund
spitz, ...	Kinn
gerötet, ...	Wangen
flach, ...	Stirn

2.
Lösungsvorschlag:
Ihr schmales, längliches Gesicht passt gut zu der schlanken Figur. Mit unbeweglicher Miene schaut sie über ihre linke Schulter, ihr Blick drückt Entschlossenheit aus.

Sie hat ein schmales, blasses Gesicht mit einer hohen Stirn und einer spitzen Nase. Ihre Gesichtszüge wirken hart und unbeweglich. Der Eindruck von Strenge und Härte verstärkt sich durch ihre länglichen, ein wenig zusammengekniffenen und konzentriert blickenden Augen und ihre sehr schmalen, blassen und leicht geöffneten Lippen, die kaum als Lippen wahrnehmbar sind. Auch ihre Augenbrauen sind schmal, hell und kaum zu erkennen. Im Gegensatz zu ihrem kurzen, fast spitzen Kinn kann man ihre Stirn als flach mit einem hohen Haaransatz bezeichnen. Ihre mittelblonden Haare trägt sie zu unzähligen kleinen Zöpfen geflochten, die streng nach hinten gekämmt sind und spitz nach hinten zulaufend vom Kopf abstehen. Diese starre Frisur unterstützt die insgesamt unnahbare und kalte Ausstrahlung der Weißen Hexe. Ihr langer, schmaler Hals und ihre Schultern sind ebenso blass, fast weiß wie ihr Gesicht und ihre Kleidung.

Übung 4 Seite 21

1. Beschreibung A: Edmund
   Beschreibung B: Lucy

2.

Gesicht/Kopf
Edmund: weißer als Schnee, schön, stolz, streng, roter Mund Lucy:/
Körperbau/-haltung
Edmund: groß, stattlich Lucy:/
Kleidung
Edmund: bis zum Hals in weißen Pelz gehüllt, in der rechten Hand einen langen, goldenen, geraden Stab, goldene Krone auf dem Kopf Lucy: trägt Zauberstab und eisige Krone auf dem Kopf
Verhaltensweisen/Eigenschaften
Edmund:/ Lucy: schreckliche Person, nennt sich zu Unrecht Königin, wird von allen guten Lebewesen gehasst, fährt in Schlitten, der von Rentieren gezogen wird, durch ihren Zauber ist ewiger Winter

3.
Während Edmund in seiner Beschreibung ausschließlich äußere Merkmale benennt, schildert Lucy das Auftreten der weißen Hexe und deren Verhaltensweisen. In Edmunds Worten drückt sich trotz der sachlichen Darstellungsweise Bewunderung für die äußere Erscheinung der Weißen Hexe und Respekt vor ihrer Macht aus. Lucy hingegen bringt deutlich Missbilligung und Verachtung ihres Handelns zum Ausdruck, ihre Darstellung ist subjektiv und bewertend.

1.4 Den eigenen Standpunkt vertreten: Argumentieren

Übung 1 Seite 24

Sie könnte ihren Freunden erklären, warum sie nicht mit ins Kino gehen kann – wenn es wirkliche Freunde sind, werden sie es verstehen.

Übung 2 Seite 25

Eva bringt keine Argumente vor, sondern besteht – sehr aggressiv – auf mehr Taschengeld, ohne eine wirkliche Erklärung dafür zu liefern.

Übung 3 Seite 26

Eva sagt:	Die Mutter sagt:
- Ich kann nicht mitgehen ins Kino, weil ich kein Geld habe. - Ich will mehr Taschengeld. - Für mich reicht das Geld nicht. - Es ist einfach zu wenig.	- Nur damit du ins Kino gehen kannst? - Du bekommst jeden Monat 10 €. Als ich so alt war wie du, gab es gerade mal 2 Mark. - Vater hat gar nichts bekommen. - Wir haben uns über ein Bonbon gefreut. - Du musst lernen, mit dem auszukommen, was du hast.

Übung 4 Seite 26

Jacqueline, Paul und Tim gehen fast jedes Wochenende ins Kino. Nur ich kann nicht mit, weil ich kein Geld habe.

Übung 5 Seite 27

Ich hätte gern mehr Taschengeld,
- weil alle anderen das auch kriegen.
  Das ist doch kein Grund! ...
- weil alles so teuer ist.
  Weil alles so teuer ist, haben wir auch nicht ...
- weil 10 € im Monat ...
  Ich hätte auch gern ...

Die Mutter hat die größere Überzeugungskraft, denn sie führt zur Unterstützung ihrer Aussage immer ein Beispiel oder einen Grund an.

Übung 6 Seite 27

Ich hätte gern mehr Taschengeld, weil
- ich beim deutschen Kinderschutzbund die Empfehlungen für die Höhe des Taschengeldes gelesen habe. Danach bekomme ich zu wenig Geld.
- Jacqueline, Paul und Tim immer häufiger ohne mich ins Kino gehen.
- ich befürchte, dass ich demnächst nicht mehr mit zu der Clique gehöre, wenn ich immer sagen muss, dass ich nicht mitkomme.
- ich dann mehr Entscheidungen treffen kann und so besser lerne, mit Geld umzugehen.
- ich im Haushalt so viel mithelfe.

Übung 7 Seite 28

Beispiellösungen:

Ich hätte gern mehr Taschengeld, weil ich befürchte, dass ich demnächst nicht mehr mit zu der Clique gehöre, wenn ich immer sagen muss, dass ich nicht mitkomme.
Schließlich merke ich jetzt schon, dass Jacqueline, Paul und Tim immer öfter ohne mich ins Kino gehen. Bestimmt fragen sie mich demnächst gar nicht mehr, wenn ich sowieso nicht mitkomme.

Ich hätte gern mehr Taschengeld, weil Kinder mit ihren Einkäufen die Wirtschaft ankurbeln.
Es gibt so viele Produkte, die für Kinder und Jugendliche gemacht sind und die auch nur von Kindern und Jugendlichen gekauft werden.
Dafür brauchen wir auch Geld, sonst kauft doch niemand diese Sachen.

Ich hätte gern mehr Taschengeld, weil ich im Haushalt so viel mithelfe. *Was ich da mache, ist auch Arbeit, also ist es doch fair, wenn ich dafür etwas bekomme.*

Ich hätte gern mehr Taschengeld, weil ich beim deutschen Kinderschutzbund die Empfehlungen für die Höhe des Taschengeldes gelesen habe. Danach bekomme ich zu wenig Geld.
Der Kinderschutzbund möchte sicherlich erreichen, dass Kinder lernen, selbstständig mit Geld umzugehen, und das wollt ihr doch auch. Dafür brauche ich aber auch Geld, mit dem ich wirtschaften kann.

Übung 8 Seite 29

Beispiellösung:

Argument	Argument (pro)	Gegenargument (kontra)
	Auf Mallorca lernen wir eine andere Sprache kennen.	Wir müssten mit dem Flugzeug reisen, das ist viel zu teuer.

Argument	Argument (pro)	Gegenargument (kontra)
Beispiel	Spanisch wird in den oberen Klassen als AG angeboten, so bekommen wir einen ersten Eindruck von dieser Sprache.	Manche Eltern haben so schon Probleme, den Reisepreis zu bezahlen.
Argument	Wir haben doch eine Klassenkasse.	Ja schon, aber da zahlt ihr doch nur jeder 1 € im Monat ein. Das bringt uns doch auch nicht weiter.
Beispiel	Wir könnten vorher Geld ansparen oder beim Stadtfest etwas verkaufen, wobei der Erlös in die Klassenkasse kommt.	Das macht aber viel Arbeit. Wenn man etwas verkaufen will, muss man zuvor etwas herstellen - basteln, schreiben, backen oder etwas Ähnliches. Wann sollen wir das denn machen? Im Unterricht vielleicht?
Argument	Ich sehe ja ein, dass das im Unterricht nicht geht, aber wir hätten nachmittags Zeit.	Ich glaube euch, dass ihr Zeit habt, aber das könnt ihr doch nicht alleine machen - ich jedenfalls habe keine Zeit dafür.
Beispiel	Wir könnten z. B. unsere Eltern fragen. Vielleicht haben einige Väter oder Mütter Zeit für uns.	Da müsst ihr aber sehr, sehr viel basteln, überleg doch bitte mal, was so eine Reise kostet. ...

Übung 9 Seite 30

Beispiellösungen:

Brief an den Klassenlehrer

Lieber Herr ...,

ich weiß, dass Sie von einer Klassenreise nach Mallorca nicht sehr begeistert sind. Dennoch möchte ich Sie bitten, noch einmal über unseren Vorschlag nachzudenken. Eine solche Reise würde zwar viel Geld kosten, aber auch viele Vorteile bringen. Es wäre ein Erlebnis, das niemand von uns vergessen würde. Auf Mallorca spricht man Spanisch, diese Sprache wird in den oberen Klassen als Arbeitsgemeinschaft angeboten und so könnten wir schon jetzt einen Eindruck davon bekommen. Und was das Geld betrifft: Wir haben doch eine Klassenkasse. Ich weiß, dass wir im Moment keine besonders hohen Einnahmen haben, schließlich zahlt jeder von uns nur 1 € im Monat ein, aber das könnte sich doch ändern. Wir könnten den Betrag erhöhen und so etwas ansparen - oder wir könnten etwas beim Stadtfest verkaufen, wobei der Erlös in die Klassenkasse fließen müsste. Wir müssten für den Verkauf natürlich etwas basteln, aber das würden wir alle gerne am Nachmittag übernehmen. Sie könnten jetzt erwidern, dass Sie für so etwas gar keine Zeit haben, und das würden wir auch verstehen. Darum sind einige Schüler bereit, ihre Eltern anzusprechen und sie um ihre Mithilfe zu bitten. ...

Evas Brief an ihre Mutter

Liebe Mama,

erinnerst du dich an unser Gespräch, in dem ich Dich um mehr Taschengeld gebeten habe? Ich habe noch einmal darüber nachgedacht und sehe ein, dass Ihr mir nicht beliebig viel Taschengeld geben könnt. Trotzdem ist eine kleine Taschengelderhöhung für mich sehr wichtig, denn ich denke, dass ich demnächst nicht mehr mit zu der Clique gehöre, wenn ich ständig sagen muss, dass ich nicht mit ins Kino gehen kann. Schließlich sehe ich ja, dass Jacqueline, Paul und Tim immer öfter ohne mich gehen. Zuerst haben sie oft Rücksicht auf mich genommen, aber in den letzten Wochen hat sich das leider geändert. Ich könnte mir auch vorstellen, dass ich mit einer etwas größeren Taschengelderhöhung für mehr Dinge selbst

verantwortlich wäre, ich könnte mir z. B. meine Jeans und Pullis selbst kaufen. Ich weiß, Du würdest jetzt sagen, dass ich dann wahrscheinlich schon nach ein paar Tagen kein Geld mehr hätte, aber Du kannst nicht abstreiten, dass ich lernen würde, mit Geld umzugehen. Das ist doch sehr wichtig – oder wie siehst Du das? Außerdem habe ich noch letzte Woche gehört, dass auch Kinder mit ihrem Taschengeld die Wirtschaft ankurbeln. Was wäre denn, wenn die Geschäfte die ganzen Produkte, die für Kinder produziert und auch nur von Kindern gekauft werden, nicht verkaufen würden? Kinder brauchen Taschengeld für diese Dinge. Aus diesem Grund gibt der Deutsche Kinderschutzbund auch Empfehlungen für die Höhe des Taschengeldes heraus und demnach bekomme ich eindeutig zu wenig Geld (ich habe das nachgelesen!).
Außerdem kannst Du nicht abstreiten, dass ich immer im Haushalt mithelfe. Ich räume den Tisch ab, räume die Spülmaschine ein und aus, bringe den Abfall nach draußen und gehe jeden Tag mit Moppel Gassi. Eigentlich ist das doch auch Arbeit und dann ist es doch nur fair, wenn ich für diese Arbeit etwas bekomme – oder?

Mama, es gibt so viele gute Gründe, die für eine Taschengelderhöhung sprechen! Denkst Du noch einmal darüber nach?

Deine Eva

1.5 Texte überarbeiten und verbessern

Übung 1 Seite 32

Lösungsvorschlag Korrekturen:

Anrede	*Hey, Lehrling, ich habe da ein spannendes Erlebnis auf Lager, was ich dir jetzt*
Ausdruck	*unbedingt erzählen muss. Also, pass auf, als ich damals selber noch ein Lehr-*
Ausdruck	*ling war, sollte ich für meinen Meister den Fußboden schrubben, dafür sollte*
Wiederholung	*ich Wasser holen, dazu hatte ich natürlich keine Lust, deshalb wartete ich dar-*
Rechtschreibung	*auf, dass der Meister einmal weggegangen war, und außerdem wollte ich*
Satz kürzen	*auch mal etwas alleine zaubern, schließlich war ich schon länger in der Aus-*
Welchen	*bildung und darum habe ich dann den Zauberspruch aufgesagt und tatsäch-*
Zauberspruch?	*lich bewegte sich der Besen und fing an Wasser zu holen zu holen. Du kannst*
Dopplung	*dir nicht vorstellen, wie sehr ich mich gefreut habe – ich war so stolz auf*
	mich. Immer mehr Wasser holte der Besen, er hörte gar nicht wieder auf und
Grammatik	*ich guckte mir dieses Schauspiel eine ganze Weile amüsiert zu, doch irgend-*
	wann reichte es mit dem Wasser und ich wollte den Besen stoppen, und da
	merkte ich, dass ich den Spruch gar nicht mehr wusste, der den Besen wie-
	der in einen echten Besen verwandelte. Ich bekam Panik, weil ich dachte,
Ausdruck	*dass in dem Haus alles ersaufen müsste. Aus Panik und Angst schmiss ich*
Rechtschreibung	*mich einfach auf den Besen und schlug ihn mit einem Beil in zwei Teile, aber*
Ausdruck	*anstatt dass der Besen aufhörte, liefen nun beide Teile zum Fluss und holten*
Ausdruck	*doppelt so viel Wasser. Ich war wütend und hatte tierischen Schiss vor mei-*
Ausdruck	*nem Meister, weil mit dem echt nicht zu spaßen war. Es war hoffnungslos, ich*
Grammatik	*versuchte mehrere Zaubersprüche, aber keiner gelang, so kam es zu einem*
2 Sätze!	*Hilferuf, den ich aus Panik ausstieß, und mein Meister kam sofort zu Hilfe und*
Wiederholung	*er handelte blitzschnell und er sagte den Zauberspruch, den ich eigentlich*
Ausdruck	*hätte sagen sollen. Sofort war der Besen wieder der Alte, doch der Hexen-*
aus dem	*meister war enttäuscht, dass ich zu faul war, das Wasser vom Fluss zu holen.*
oder: riesigen Schreck	*Ich habe so einen Riesenschreck bekommen, das mache ich lieber nicht noch*
Wiederholung	*mal, habe ich mir dann gedacht.*

Test

Übung 1 Seite 34

Lösungsvorschlag:

Vanillekipferl

Für die Zubereitung der Vanillekipferl benötigst du 350 Gramm Mehl, ½ Teelöffel Backpulver, 250 Gramm Butter, Vanilleschoten oder Vanillezucker, 100 Gramm Zucker, 50 Gramm gemahlene Haselnüsse, ein Ei, eine Prise Salz und Backpapier.

Zuerst musst du 350 Gramm Mehl mit einem halben Teelöffel Backpulver vermischen. Dazu kommen 250 Gramm Butter, die du zuvor in kleinen Stücken auf dem Mehl verteilt hast. Danach wird der Vanillestange, die du längs aufgeschnitten hast, das Mark entnommen. Alternativ kannst du auch Vanillezucker verwenden. Um den Teig fertigzustellen, musst du noch 100 Gramm Zucker, 50 Gramm zermahlene Haselnüsse, ein Ei und eine Prise Salz hinzufügen. Von dem gekneteten Teig werden Rollen mit einem Zentimeter Durchmesser geformt, die in sechs Zentimeter lange Stücke geschnitten werden. Diese Stücke müssen dann so ausgerollt werden, dass sie an den Enden spitz zulaufen. Diese Teigstücke formst du nun zu Sichelmonden und legst sie auf ein mit Backpapier belegtes Backblech. Anschließend müssen die Kipferl 10 bis 15 Minuten im vorgeheizten Backofen bei 175 Grad backen. Am Schluss kannst du die Vanillekipferl noch mit Puder- oder Vanillezucker bestreuen.

Übung 2 Seite 35

Lösungsvorschlag:

Die Weiße Hexe strahlt eine kalte Eleganz aus, in der sich die Kälte in ihrem Herzen widerspiegelt. Sie regiert als alleinige Herrscherin grausam und gefühllos das Reich Narnia. Alle, die sich ihr in den Weg stellen oder ihre Herrschaft gefährden könnten, versteinert oder vernichtet sie, jedes Mittel ist ihr zur Sicherung ihrer Macht recht. Ihr eiskalter Terror wird von Legionen von Wölfen und Monstern unterstützt. Ihre Kaltherzigkeit zeigt sich besonders darin, dass sie zwar ein Reich mit ewigem Winter regiert, sie aber das Weihnachtsfest nicht zulässt. Als sie erfährt, dass sich vier Geschwister in ihrem Reich aufhalten, die ihre Macht brechen könnten, ist ihr jedes Mittel recht, um diese zu vernichten. Sie zieht Edmund in ihren Bann und benutzt ihn, um gegen seine Geschwister vorzugehen.

Die ganze Erscheinung der Weißen Hexe, ihr Aussehen, ihre Kleidung, ihre Körperhaltung und ihre Ausstrahlung sowie ihre wesentlichen Charakterzüge und ihr Verhalten passen zusammen und lassen Jadis als kaltherzige, grausame und herrschsüchtige Person erscheinen, die vor nichts zurückschreckt und das Böse verkörpert.

Übung 3 Seite 36

- Eine These ist eine Behauptung, die nicht stichhaltig und nicht begründet ist.
- Bei der Aussage „Morgen wird das Wetter schön" handelt es sich um eine These.
- Ein Argument setzt sich zusammen aus einer Behauptung (= These) und einer Begründung.
- Argumente werden stichhaltiger, wenn man sie unterstützt durch Beispiele.
- Die Verknüpfung mehrerer Argumente bezeichnet man als Argumentationskette.
- Möchte ich meinen Standpunkt wirkungsvoll vertreten, überlege ich mir Pro- und Kontra-Argumente.

2.1 Sachtexte und Diagramme

Übung 2 Seite 39

In diesem Text geht es um die Lebensbedingungen und die Lebensweise der Elefanten, die wegen der Elfenbeinjagd in Afrika und Asien vom Aussterben bedroht sind.

Übung 3 und 4 Seite 39/40

Sinnabschnitte mit Überschriften

Z. 1-3: Die Elfenbeinjagd bringt Elefanten in Gefahr. - Z. 4-11: Die Evolution des Rüssels - Z. 12-14: Stoßzähne - Z. 15-25: Merkmale des Elefanten - Z. 26-33: Elfenbeinhandel als Grund der Jagd auf Elefanten

Schlüsselbegriffe

Substantive	Verben	Adjektive
Afrika, Asien, Elefanten, Gefahr, Handelsgut, Kennzeichen, Rüssel, Evolution, verlängerte Nase, Schnorchel, Muskeln, zum Greifen, Futteraufnahme, beim Trinken, Stoßzähne, zum Entrinden, Waffe, Herdentier, Körpergewicht, Schultergröße, Futterbedarf, Schneidezähne, Elfenbein, 650 000 Elefanten, Elfenbeinhandel	getötet verboten	verlängert

Übung 5 Seite 40

Möchte ich einen Sachtext richtig verstehen und mir alle wichtigen Inhalte merken können, muss ich fünf Schritte beachten:

1. Zunächst überfliege ich den Text, damit ich weiß, was mich erwartet und auf welchen Inhalt ich mich einstellen muss.
2. Anschließend schaue ich mir den Text ein zweites Mal an und lese ihn gründlich, markiere Sinnabschnitte und finde Zwischenüberschriften.
3. Während des Lesens markiere ich außerdem Schlüsselbegriffe. Zusätzlich zu den Schlüsselbegriffen sollte ich mit einem anderen Farbstift auch noch weitere Textstellen markieren, die mir wichtig erscheinen. Wenn nötig, muss ich den Text dafür auch ein drittes Mal lesen.
4. Anhand der W-Fragen kann ich überprüfen, ob ich den Text verstanden habe. Gelingt mir dies, ist es für mich nicht schwer, den Text zusammenzufassen.
5. Möchte ich mich noch weiter mit dem Thema beschäftigen, ist es sinnvoll, wenn ich mir weiterführende Fragen stelle. Damit kann ich mich auch auf den Unterricht vorbereiten, wenn ich den Text zu Hause für den nächsten Tag vorbereite. Ich überlege mir dann, welche Fragen mein Lehrer wohl stellen könnte.

Übung 7 Seite 41

Wer handelt bzw. **von wem** handelt der Text?
Elefanten
Wo spielt sich das Beschriebene ab?
In Afrika und Asien
Was geschieht (mit den Elefanten)?
Wegen des Elfenbeins wurden allein in den letzten 10 Jahren 650 000 Elefanten getötet.
Warum gerieten die Elefanten in den letzten Jahrzehnten zunehmend in Gefahr?
Weil Elfenbein ein wertvolles Handelsgut ist.
Die Jagd ist heute verboten, aber Wilderer töten noch immer Elefanten.
Mit welcher Folge werden die Elefanten gejagt und getötet?
Wenn sich die Jagd auf die Elefanten fortsetzt, sind sie vom Aussterben bedroht.

Beispiele für weitere W-Fragen:
Wie haben sich die Tiere im Laufe der Evolution allgemein verändert?
Was lässt sich über die heutige Funktion des Rüssels sagen?
Wie groß und schwer können Elefanten werden?
Was fressen Elefanten?

Übung 8 Seite 41

1. Das Diagramm gibt Auskunft über die Entwicklung der Elefantenbestände in Afrika.
   Begründung:
   Es wird der Rückgang der Elefantenbestände dargestellt. Dass die Bestände durch die Wilderei rückläufig sind, wird nicht ausgedrückt.
2. Ja, denn es gibt einen sinngemäßen Zusammenhang zwischen Diagramm und Text.
   Begründung:
   Konkrete Zahlen über aktuelle Bestände werden im Text nicht genannt.
   Sinnabschnitte mit entsprechenden Aussagen: im ersten Abschnitt (Z. 1 – 3) und im letzten Abschnitt (Z. 29 – 32)
3. Ein Diagramm stellt eine sinnvolle Ergänzung zu einem Sachtext dar, weil
   - es Zahlen, die die Textaussage unterstützen, sehr übersichtlich darstellt;
   - Fakten, die auf Zahlen basieren, in Form eines Diagramms einprägsamer sind;
   - der Inhalt des gelesenen Textes durch das Betrachten des Diagramms noch einmal in Erinnerung gerufen wird.

2.2 Balladen

Übung 2 Seite 45

Der Begriff Ballade stammt ursprünglich aus dem Italienischen und bedeutet übersetzt so viel wie „Tanzlied“.
Man kennt die Ballade bereits seit dem 12. Jahrhundert.
Seit dem 16./17. Jahrhundert erzählt sie in der Regel schauerliche Ereignisse, sogenannte „Moritaten“ (= Mordtaten).
Auch heute kennt man noch viele Balladen von bekannten Schriftstellern des 18. und 19. Jahrhunderts, z. B. von Johann Wolfgang von Goethe und Friedrich Schiller.
Die Ballade ist eine Form des Gedichtes, die eine spannende Geschichte erzählt.
Weil sich häufig Personen unterhalten, würde sie sich auch für die Aufführung in einem Theater eignen.
Die „Fachbegriffe“ für die drei Elemente der Ballade heißen: Epik, Lyrik und Dramatik.

Übung 4 Seite 47

1.
1. Strophe: Unwetter in einer Nacht am Meer
2. Strophe: Ein Schiff in Seenot
3. Strophe: Nis Randers erkennt einen Mann auf dem Schiff und will ihn retten.
4. Strophe: Mutter hält ihn zurück, denn sie fürchtet um sein Leben.
5. Strophe: Vater und Bruder sind tot, ein anderer Bruder ist verschollen.
6. Strophe: Nis fragt nach der Mutter des Schiffbrüchigen.
7. Strophe: Nis tritt die Rettungsaktion an.
8. Strophe: Das Boot zerschmettert fast bei dem Unwetter.

9.+10. Strophe: Beschreibung der stürmischen See

2. *Sinnabschnitte:*

1.-2. Strophe: In Seenot geratenes Schiff bei starkem Unwetter auf dem Meer

3. Strophe: Nis Randers erkennt einen Mann auf dem Boot und will ihn retten.

4.-6. Strophe: Mutter will ihn zurückhalten, aber Nis kontert.

7.-10. Strophe: „Überfahrt“ zu dem in Seenot geratenen Schiff

3.
- in Strophe 2: „brennt der Himmel“: Ausdruck zur Umschreibung des starken Unwetters
- in Strophe 7: „hohes, hartes Friesengewächs“: Friesland: Landschaft an der Nordseeküste; - sturmerprobte, starke Männer
- in Strophe 9: „die menschenfressenden Rosse“: sehr hohe Wellen, die wie sich aufbäumende Pferde aussehen

4. Metaphern ermöglichen eine bildliche Vorstellung des Geschehens, die Ballade wirkt dadurch noch dramatischer.

5.

Mutter	Nis Randers
- sehr fürsorglich - hat Angst um ihren Sohn Nis, nachdem sie schon ihren Mann und einen Sohn verloren hat und einen weiteren Sohn vermisst	- mutig - hilfsbereit - selbstlos

6. Und seine Mutter?

7. *Lösungsvorschläge:*

1. Dunkel und Flammen in rasender Jagd (Z. 2)
2. Und brennt der Himmel ... (Z. 4)
3. ein Höllentanz (Z. 22)
4. Mit feurigen Geißeln peitscht das Meer (Z. 25)
5. Drei Wetter zusammen! Nun brennt die Welt! (Z. 31)

8. *Lösungsvorschläge:*

Nis Randers: beherzt, selbstlos, kräftig (Statur), entschlossen, erfahren, ...
Mutter: ängstlich, verzweifelt, traurig, hilflos, ...
Natur: mächtig, stürmisch, unberechenbar, bedrohlich, feindlich, ...

Übung 5 Seite 50

Paarreim

Übung 7 Seite 51

Bei dem Text „Nis Randers“ von Otto Ernst handelt es sich um eine Ballade, weil ...
- es sich um Lyrik handelt. Es sind Verse und Strophen erkennbar, das Reimschema ist ein Paarreim;
- eine Geschichte mit einem spannenden und dramatischen Höhepunkt erzählt wird. Nis möchte einen in Seenot geratenen Mann bei schwerem Unwetter retten;
- wörtliche Rede vorkommt: Nis und seine Mutter sprechen miteinander.

Test

Übung 1 Seite 53

- Ein Sachtext gibt mir Auskunft über Tatsachen, Gegebenheiten, Ereignisse oder Vorfälle.
- Möchte ich einen Sachtext richtig verstehen, überfliege ich zunächst den Inhalt und verschaffe mir einen Überblick über das Thema.
- Beim gründlichen Lesen des Textes markiere ich Sinnabschnitte, Schlüsselbegriffe und weitere wichtige Informationen.
- Kann ich die W-Fragen beantworten, habe ich den Text verstanden und kann ihn zusammenfassen.
- Weiterführende Fragen helfen mir, mich auf den Unterricht der nächsten Stunde vorzubereiten.
- Häufig werden Sachtexte durch Diagramme unterstützt, Diagramme stellen Zahlen, die die Textaussage unterstützen, übersichtlich dar.
- Durch das genaue Betrachten des Diagramms kann ich mir auch den Inhalt des Textes noch einmal in Erinnerung rufen.

Übung 2 Seite 54

Lösungsvorschlag Inhaltsangabe:

In der Ballade „Der Zauberlehrling“ von Johann Wolfgang von Goethe stellt ein Zauberlehrling aufgrund seiner Faulheit eine große Dummheit an. Der Zauberlehrling sieht durch die Abwesenheit seines Herrn die Chance, sich selbst einmal im Zaubern zu versuchen.

Er will nicht länger Wasser schleppen und überträgt seine Aufgabe durch einen Zauber dem Besen. Vergnügt sieht der Lehrling zu, wie der verzauberte Besen seine Arbeit verrichtet, doch schon bald ist das Becken voll und die Arbeit abgeschlossen. Aber der Zauberlehrling kann den Besen nicht stoppen, weil ihm der passende Zauberspruch nicht einfällt, und im ganzen Haus ist Wasser. In seiner Verzweiflung greift der Zauberlehrling zu einer Axt. Er spaltet den Besen, doch dieser legt sich nicht zur Ruhe, sondern arbeitet doppelt.

Doch bevor alles überflutet wird, kommt der Meister nach Hause und setzt dem Spuk ein Ende.

3.1 Wortarten

Übung 1 Seite 57

Ein Mann kaufte einen *Esel* , aber nicht endgültig, sondern er machte eine Probezeit aus. Als er mit ihm *zu* seinem Hof kam, wo schon mehrere Esel teils bei *der* Arbeit, teils bei der Abfütterung waren, ließ er ihn frei *laufen* . Sogleich trottete der Neue zu dem *faulsten* und gefräßigsten Gefährten und stellte sich zu *ihm* an die Futterkrippe. Da legte ihm der Mann den Strick wieder um den *Hals* und brachte ihn dem bisherigen Besitzer zurück. „So *schnell* kannst du ihn doch gar nicht erprobt haben“, *wunderte* sich der. - „Oh, mir genügt, was ich gesehen und *erfahren* habe. Nach der Gesellschaft, die er sich ausgesucht hat, ist er *ein* übler Bursche.“

Substantiv
Präposition
bestimmter Artikel
Verb
Adjektiv
Personalpronomen
Substantiv
Adjektiv
Verb
Verb
unbestimmter Artikel

Übung 2 Seite 58

Ferien

Ich freue mich schon heute darauf, *dass* in der nächsten Woche die Ferien beginnen. Sechs Wochen Sommerferien! *Ob* wir verreisen werden, weiß ich noch nicht, *denn* mein Vater kann noch nicht genau sagen, *ob* er Urlaub bekommt. Ich würde gerne an die Ostsee fahren, *wenn* das Wetter gut ist, *denn* da habe ich im letzten Jahr ein Mädchen kennengelernt, das ich gerne wieder treffen würde.

Aber ich bin auch nicht traurig, *wenn* mein Vater keinen Urlaub bekommt, *denn* dann mache ich mir hier eine schöne Zeit mit meinen Freunden. Ich weiß, *dass* Lea und Timo auch nicht verreisen. Wir können zum Schwimmen gehen, *wenn* das Wetter gut ist, *oder* in den Freizeitpark fahren. Auf jeden Fall freue ich mich, *dass* ich ausschlafen kann *und* nicht zur Schule gehen muss.

Übung 3 Seite 58

1.

a) Ich ging zu meiner Freundin Lea, weil mir langweilig war.
b) Ich musste zügig gehen, da es auf dem Weg zu ihr anfing zu regnen.
c) Ich wurde klitschnass, weil ich keinen Regenschirm hatte.
d) Bei Lea wärmte ich mich auf, da ich durchgefroren war.
e) Der Nachmittag verging schnell, während wir quatschten und Tee tranken.

2.

b) Da es auf dem Weg zu ihr anfing zu regnen, musste ich zügig gehen.
c) Weil ich keinen Regenschirm hatte, wurde ich klitschnass.
d) Da ich durchgefroren war, wärmte ich mich bei Lea auf.
e) Während wir quatschten und Tee tranken, verging der Nachmittag schnell.

3.

b) Ich musste, da es auf dem Weg zu ihr anfing zu regnen, zügig gehen.
c) Ich wurde, weil ich keinen Regenschirm hatte, klitschnass.
d) Ich wärmte mich, da ich durchgefroren war, bei Lea auf.
e) Der Nachmittag verging, während wir quatschten und Tee tranken, schnell.

Übung 4 Seite 60

Personalpronomen: **P**
Relativpronomen: **R**
Demonstrativpronomen: **D**

Es **(P)** war einmal ein Königssohn, der **(R)** bekam Lust, in der Welt umherzuziehen, und nahm niemand mit als seinen Diener, der **(R)** ihm immer treu zur Seite stand. Eines Tages geriet er **(P)** in einen großen Wald, und als der Abend kam, konnte er **(P)** keine Herberge finden und wusste nicht, wo er (P) die Nacht zubringen sollte. Da sah er (P) ein Mädchen, das (R) nach einem kleinen Häuschen zuging, und als er (P) näher kam, sah er (P), dass das Mädchen jung und schön war. Er (P) redete es (P) an und sprach: „Liebes Kind, können mein Diener und ich (P) in dem Häuschen für die Nacht ein Unterkommen finden?“ – „Ach ja“, sagte das Mädchen mit trauriger Stimme, „das (D) könnt ihr (P) wohl, aber ich (P) rate euch (P) nicht dazu; geht nicht hinein!“ – „Warum soll ich (P) das (D) nicht?“, fragte der Königssohn. Das Mädchen seufzte und sprach: „Meine Stiefmutter, die (R) es (P) nicht gut mit Fremden meint, treibt böse Künste. Diese (D) könnten üblen Schaden anrichten.“ Da merkte er (P) wohl, dass er (P) zu dem Hause einer Hexe gekommen war. Doch weil es (P) finster ward und er (P) sich vor diesem (D) auch nicht fürchtete, so trat er (P) ein. Die Alte, die (R) auf einem Lehnstuhl beim Feuer saß, sah mit ihren roten Augen die Fremden an. „Guten Abend“, schnarrte sie (P) und tat ganz freundlich. „Lasst euch (P) nieder und ruht euch (P) aus!“ [...]

Übung 5 Seite 61

1. Jan sah Marius in der dritten Reihe sitzen, er ging zu ihm und fragte ihn, ob er sich auf den freien Platz setzen dürfe.
2. Marius willigte sofort ein und auf dem Nachhauseweg plauderten sie über Gott und die Welt.
3. Die Eisenbahn ist das Lieblingsthema von Jan, er kennt alle Lokomotiven mit Namen.

Übung 6 Seite 63

Lösungsvorschlag:

Gestern bin ich mit meinem Hund spazieren	Zeit
gegangen. *Leider* hat es so stark geregnet, dass	Grund
wir nur eine kleine Runde gehen konnten. Als wir *rechts*	Ort
in die Langestraße einbogen, kam uns ein *sehr* großer	Art und Weise
Hund entgegen, der mich *leider* auf meinem Weg zur	Grund
Schule *immer* anbellt. Wenn ich ehrlich bin, muss ich	Zeit
zugeben, dass ich Angst vor dem Tier habe. *Vielleicht*	Art und Weise
werde ich *demnächst* einen anderen Weg gehen, um	Zeit
diesem Tier nicht mehr begegnen zu müssen.	

3.2 Zeitformen des Verbs

Übung 1 Seite 64

2. Über das Geschenk freue ich mich sehr. (Präsens)
3. Gestern bin ich beim Training umgeknickt. (Perfekt)
4. Wirst du morgen mit mir ins Kino gehen? (Futur I)
5. Hast du gestern deine Hausaufgaben gemacht? (Perfekt)
6. Bayern hat gegen Schalke 2:0 gewonnen. (Perfekt)
7. Der Unfall passierte auf der Langenstraße. (Präteritum)
8. Verstehst du, was ich meine? (Präsens)
9. In den Ferien werden wir ans Meer fahren. (Futur I)
10. Ich kann dir bei den Hausaufgaben helfen. (Präsens)

Übung 2 Seite 64

1. Über das Geschenk habe ich mich sehr gefreut.
2. Gestern knickte ich beim Training um.
3. Bayern gewann gegen Schalke 2:0.
4. Der Unfall passiert auf der Landstraße.
5. Wirst du verstehen, was ich meinen werde?
6. In den Ferien sind wir ans Meer gefahren.
7. Ich werde dir bei den Hausaufgaben helfen können.

Übung 3 Seite 66

fahren – du warst gefahren
aufbauen – wir hatten aufgebaut
lernen – ich hatte gelernt
schwimmen – er war geschwommen
gehen – ihr wart gegangen
lachen – wir hatten gelacht

Übung 5 Seite 67

brüllen – du wirst brüllen – sie brüllten – ich habe gebrüllt – er/sie/es hatte gebrüllt
rennen – du wirst rennen – sie rannten – ich bin gerannt – er/sie/es war gerannt
schreien – du wirst schreien – sie schrien – ich habe geschrien – er/sie/es hatte geschrien
schwimmen – sie schwimmen – du warst geschwommen – ihr werdet schwimmen – ich bin geschwommen
verstehen – sie verstehen – du hattest verstanden – ihr werdet verstehen – ich habe verstanden
fahren – sie fahren – du warst gefahren – ihr werdet fahren – ich bin gefahren
schauen – wir hatten geschaut – er/sie/es wird schauen – ihr schautet – ich schaue
lesen – wir hatten gelesen – er/sie/es wird lesen – ihr last – ich lese
klettern – wir waren geklettert – er/sie/es wird klettern – ihr klettertet – ich klettere

3.3 Aktiv – Passiv

Übung 1 Seite 68

Der Ober serviert das Essen. (Aktiv)
Jana wird von Tom zur Party eingeladen. (Passiv)
Das Wild wird vom Jäger gejagt. (Passiv)
Großmutter backt einen Kuchen. (Aktiv)
Die Kartoffeln werden vom Bauern geerntet. (Passiv)
Das blutende Knie wird versorgt. (Passiv)

Übung 2 Seite 70

schaukeln – geschaukelt, lenken – gelenkt, verzieren – verziert, melken – gemolken, löschen – gelöscht, massieren – massiert, beschützen – beschützt, auslachen – ausgelacht, verraten – verraten, reparieren – repariert, füttern – gefüttert

Übung 3 Seite 70

Subjekt: einfach unterstrichen; das zweiteilige Prädikat: doppelt unterstrichen; der Handlungsträger: gestrichelt unterstrichen

1. Der Klassenraum wird zum 1. Advent von den Schülerinnen und Schülern geschmückt.
2. Eine Lichterkette wird am Fenster befestigt.
3. Das Adventsgesteck wird von der Klassensprecherin aufs Lehrerpult gestellt.
4. Die Fenster werden von den Kindern mit bunten Fensterbildern beklebt.
5. Silberne und goldene Sterne werden aufgehängt.
6. Sogar ein kleiner Tannenbaum wird vom Hausmeister in einer Ecke des Klassenzimmers aufgestellt.

Übung 4 Seite 70

Handlungsträger (Subjekt)	Handlung (Prädikat)
Die Schülerinnen und Schüler	legen fest
sie	treffen
Diese	holt ein
Marco	bringt mit
Martin	übernimmt
Sabine und Jennifer	schmücken
sie	kaufen
Lisas Familie	besitzt
ihre Eltern	kümmern sich
einige Jungen	helfen
die Klassensprecherin	plant
der Klassensprecher	besorgt

Übung 5 Seite 71

Beispielsätze:
Die Kerzen werden von der Katze gefressen.
Die Laterne wird vom Wind gelöscht.
Die Musikanlage wird vom Lehrer aufgedreht.
Die Schokolade wird von den Kindern angezündet.
Die Karnevalisten werden von dem Feuerwehrauto verfolgt.

Übung 6 Seite 72

Lösungsvorschlag:

Der Tankwart alarmierte die Polizei und die Zeugen gaben eine Täterbeschreibung ab. Daraufhin wurden noch in der gleichen Nacht zwei junge Männer von der Polizei aufgegriffen, bei denen Geld und Tabakwaren sichergestellt wurden. Die Kriminalbeamten verhörten die mutmaßlichen Täter auf dem Polizeirevier. Nach kurzer Zeit legten sie ein Geständnis ab. Am nächsten Tag wurden die Täter dem Untersuchungsrichter vorgeführt.

Übung 7 Seite 73

1. Präteritum
2. Präsens
3. Perfekt
4. Plusquamperfekt
5. Futur I

Übung 8 Seite 74

Die Schüler lesen das Buch. - Das Buch wird von den Schülern gelesen.

Der Junge hat den Hund geärgert. - Der Hund ist von dem Jungen geärgert worden.

Der Richter verurteilte den Angeklagten. - Der Angeklagte wurde von dem Richter verurteilt.

Die Familie hatte die Urlaubsreise schon lange geplant. - Die Urlaubsreise war von der Familie schon lange geplant worden.

Der Schulleiter wird den Sieger ehren. - Der Sieger wird von dem Schulleiter geehrt werden.

3.4 Satzglieder

Übung 1 Seite 75

1. Die Bäume filtern das schädliche CO_2 der Atmosphäre.
   - Das schädliche CO_2 der Atmosphäre filtern die Bäume.
   - Filtern die Bäume das schädliche CO_2 der Atmosphäre?

   Satzglieder:
   - die Bäume
   - filtern
   - das schädliche CO_2 der Atmosphäre
2. Die Menschen holzen die Regenwälder aus wirtschaftlichen Gründen ab.
   - Aus wirtschaftlichen Gründen holzen die Menschen die Regenwälder ab.
   - Holzen die Menschen die Regenwälder aus wirtschaftlichen Gründen ab?

   Satzglieder:
   - die Menschen
   - holzen ab
   - die Regenwälder
   - aus wirtschaftlichen Gründen
3. Dabei gehen sie sehr rücksichtslos mit der Natur um.
   - Sehr rücksichtslos gehen sie dabei mit der Natur um.
   - Mit der Natur gehen sie dabei sehr rücksichtslos um.
   - Gehen sie dabei sehr rücksichtslos mit der Natur um?

   Satzglieder:
   - dabei
   - gehen um
   - sie
   - sehr rücksichtslos
   - mit der Natur
4. Die Abholzung des Regenwaldes beeinflusst das gesamte Weltklima.
   - Beeinflusst die Abholzung des Regenwaldes das gesamte Weltklima?

   Satzglieder:
   - die Abholzung des Regenwaldes
   - beeinflusst
   - das gesamte Weltklima

Übung 2 Seite 76

1. Die Bäume (Wer oder was filtert das schädliche CO_2 der Atmosphäre?) = Subjekt
   filtern (Was tun die Bäume?) = Prädikat
   das schädliche CO_2 der Atmosphäre (Wen oder was filtern sie?) = Akkusativobjekt
2. Die Menschen (Wer oder was holzt die Regenwälder ab?) = Subjekt
   holzen ab (Was tun die Menschen?) = Prädikat
   die Regenwälder (Wen oder was holzen sie ab?) = Akkusativobjekt

aus wirtschaftlichen Gründen (Warum holzen sie die Regenwälder ab?) = Adverbiale Bestimmung des Grundes

3. Die Abholzung des Regenwaldes (Wer oder was beeinflusst das Weltklima?) = Subjekt
beeinflusst (Was tut/bewirkt die Abholzung?) = Prädikat
das gesamte Weltklima (Wen oder was beeinflusst die Abholzung?) = Akkusativobjekt

3.5 Satzreihen und Satzgefüge

Übung 1 Seite 78

1. Satzreihe, bestehend aus: Eisige Kälte weht über den See. Der Schnee knirscht unter meinen Füßen.
2. Einfache Aufzählung/keine Satzreihe
3. Satzreihe, bestehend aus: Ganz leise hört man das Plätschern eines kleinen Bachlaufs. Schnee und Dunkelheit verschlucken alle Geräusche der Nacht.
4. Einfache Aufzählung/keine Satzreihe
5. Satzreihe, bestehend aus: Frierend kehre ich zurück in die Wärme. Am lodernden Kaminfeuer lasse ich mich nieder.

Übung 2 Seite 79

1. Das Donnern und Blitzen am Himmel fasziniert die Menschen, aber selbst Forscher können das Geschehen in einer Gewitterwolke nicht genau erklären.
2. Ein Gewitter stellt ein atmosphärisches Ereignis dar, denn es wird durch kalte und warme Luftmassen ausgelöst.
3. Donner ist der Knall beim Durchbrechen der Schallmauer, denn die Luft um den Blitz herum dehnt sich schneller aus als Schallgeschwindigkeit.
4. Donner und Blitz treten immer gleichzeitig auf, doch der Donner ist erst später zu hören, denn der Schall bewegt sich langsamer als das Licht.
5. Ein Gewitter kündigt sich häufig durch Sturmböen an, oder starke Regenschauer mit Hagelschlag gehen einem Gewitter voraus.

Gefundene Konjunktionen:
aber, denn, doch, oder

Übung 3 Seite 80

1. Mit Schnee verbinden die meisten Menschen Rodel- und Skivergnügen, oder sie denken an unpassierbare Straßen, Winterreifen und Schneeketten.
2. Nachrichten von Lawinenunglücken nehmen wir meistens nur durch die Medien wahr, doch besonders Meldungen aus uns vertrauten Wintersportgebieten der Alpenregion machen auch uns betroffen.
3. Skifahrer lösen durch leichtsinniges Verhalten häufig Lawinen aus, aber auch Bergsteiger verursachen durch Unkenntnis und Unachtsamkeit nicht selten das Abrutschen größerer Schneemassen.
4. An steilen Hängen ist die Lawinengefahr nicht so groß, denn hier können sich keine größeren Schneemassen ansammeln.
5. Der beste Schutz gegen Lawinengefahr ist eine dichte Bewaldung, denn ein hoher und dichter Baumbestand verhindert zu große Schneeansammlungen.
6. Auch durch Stahl- und Holzkonstruktionen versucht man künstlich die Schneedecke zu stützen, aber ein sicherer und vollständiger Lawinenschutz ist nicht möglich.

Übung 4 Seite 80

1. Die Rettung von Lawinenopfern ist ein Kampf gegen die Zeit, denn Unterkühlung führt nach ungefähr zwei Stunden zum Tod.
2. Die Rettung von Lawinenopfern ist ein Kampf gegen die Zeit, weil Unterkühlung nach ungefähr zwei Stunden zum Tod führt.

Übung 5 Seite 81

Die Konjunktionen sind unterstrichelt.

1. Die Hummelköniginnen erwachen aus ihrer Winterstarre, wenn die ersten Blumen blühen.
2. Obwohl es noch sehr kalt ist, locken die Blüten sie mit ihrem Duft.
3. Sie können schon so früh im Jahr fliegen, weil ihr dickes, pelzartiges Haarkleid sie gegen die Kälte schützt.

4. Die Hummel kriecht tief in die Blüten hinein, damit sie mit ihrem Saugrüssel den Blütensaft aufnehmen kann.
5. Während sie gleich einem Vogel ihre Eier ausbrütet, lebt sie von dem gesammelten Nektar.

Übung 6 Seite 82

Die Konjunktionen sind unterstrichelt.

1. Arbeitshummeln leben nur einen Sommer lang, weil nur die Hummelkönigin in Höhlen oder Mauselöchern überwintert.
2. Bevor der Winter kommt, sterben die Arbeiterinnen.
3. Die befruchteten Königinnen schlüpfen in eine Höhle in der Erde, bis die Sonne den Boden wieder erwärmt.
4. Wenn sie im darauffolgenden Frühjahr wieder erwachen, gründen sie eine neue Kolonie.
5. Hummeln stechen nur selten, weil sie friedliche Tiere sind.
6. Doch auch Hummeln fühlen sich bedroht und stechen zu, wenn du sie zu sehr ärgerst.

Übung 7 Seite 83

1. Nistkästen sind ein sinnvoller Bestandteil des Artenschutzes, weil die Nestsuche für Vogelpaare immer schwieriger wird.
2. Obwohl das Hämmern eines Loches in einen Baumstamm mühsam ist, zimmern Spechte sich ihre Wohnungen selbst.
3. Natürliche Brutgelegenheiten für Höhlenbrüter werden immer seltener, weil Gärten und Parkanlagen von absterbenden Bäumen befreit werden.
4. Der Naturfreund kann einen wichtigen Beitrag zum Vogelschutz leisten, wenn er einen Nistkasten im Garten aufhängt.
5. Die sehr anpassungsfähigen Meisen im Frühjahr belegen schon viele natürliche Nistplätze, während die Zugvögel häufig keine geeigneten Nischen mehr finden.
6. Der Vogelliebhaber sollte sich nach den Brutvorlieben benachteiligter Vogelarten erkundigen, bevor er eine Nisthilfe im Garten aufhängt.
7. Da die Jungvögel eine leichte Beute sind, ist ein Schutz vor Katzen und Mardern sinnvoll.

Test

Übung 1 Seite 86

Substantiv – Hauptwort – Fenster, Tür, Haus
Artikel – Begleiter – bestimmter Artikel – der, die, das – unbestimmter Artikel – ein, eine
Verben – Tätigkeitswörter – gehen, spielen, laufen
Adjektive – Eigenschaftswörter – hell, bunt, laut
Adverbien – Umstandswörter – heute, dort, leider
Präpositionen – Verhältniswörter – über, unter, neben
Pronomen – Stellvertreter des Substantivs
- Personalpronomen – persönliches Fürwort – ich, du, uns
- Relativpronomen – hinweisendes Fürwort – der, die, das
- Demonstrativpronomen – bezügliches Fürwort – das, dieser, jener

Übung 2 Seite 87

Die Antilope wird von der Löwin gejagt.
Der Lehrerin wird von den Schülerinnen und Schülern zum Geburtstag gratuliert.
Zahlreiche Bäume werden im Herbst von den Waldarbeitern gefällt.
Viele Autoinspektionen werden von dem Kfz-Mechatroniker in der Urlaubszeit durchgeführt.
Die Erweiterung der Realschule wird von der Architektin geplant.

Übung 3 Seite 87

Bratäpfel in Vanillesoße

Zuerst werden die Äpfel gewaschen. Danach wird das Apfelgehäuse mit einem Ausstecher oder Messer ausgestochen und die Äpfel werden mit Haselnüssen, Marmelade, Honig und Rosinen gefüllt.
Die gefüllten Äpfel stellt man in eine Auflaufform und bäckt sie 40 Minuten bei 250 Grad.
In der Zwischenzeit kann man die Vanillesoße nach der Gebrauchsanweisung auf der Packung zubereiten.
Die fertigen Äpfel werden mit der heißen Vanillesoße übergossen und sofort serviert.

Übung 4

Seite 88

Satzglied	Frage	Beispiel
Prädikat	*Was geschieht?*	*hat gerufen*
Akkusativobjekt	*Wen oder was?*	*den Hund*
Dativobjekt	*Wem?*	*dem Hund*
Genitivobjekt	*Wessen?*	*des Hundes*
Adverbiale Bestimmung der Zeit	*Wann? Wie oft? Wie lange?*	*am Sonntagnachmittag*
Adverbiale Bestimmung des Grundes	*Warum?*	*wegen starken Regens*
Adverbiale Bestimmung der Art und Weise	*Wie?*	*mit dem Auto*
Adverbiale Bestimmung des Ortes	*Wo? Wohin? Woher?*	*zu den Großeltern*

Übung 5

Seite 89

Lösungsvorschläge:

1. Der Lehrer kontrollierte die Hausaufgaben, als der Feueralarm plötzlich einsetzte.
2. Er landete so ungünstig in der Weitsprunggrube, dass er sich den Knöchel verstauchte.
3. Sie durfte, weil sie die Qualifikation geschafft hatte, an den Meisterschaften teilnehmen.
4. Der Bus kam heute pünktlich, obwohl es wieder glatt auf den Straßen war.
5. Die Schülerin half ihrem Banknachbarn bei der Englischarbeit, indem sie ihr Heft hinüberschob.
6. Da er beim Geräteturnen nicht mitmachen wollte, täuschte er eine Verletzung vor.
7. Wenn du zum Schülersprecher gewählt wirst, darfst du die Abschlussrede halten.

Übung 6

Seite 89

Lösungsvorschlag:

Gestern wurde in unsere Schulsporthalle eingebrochen, während wir Basketball spielten. Einbrecher hatten sich Zugang zu den Umkleiden verschafft, indem sie die Türen zu den Umkleideräumen aufgebrochen hatten. Da in der Halle ein hoher Lärmpegel herrschte, hörten wir nichts. Erst als die Sportstunde beendet wurde, bemerkten wir den Einbruch. Es fehlten viele Wertsachen, denn fast jeder Schüler hatte ein Handy oder eine Uhr in der Umkleide liegen lassen. Als die erste Aufregung vorbei war, wurde die Polizei benachrichtigt. Die Beamten erstellten ein ausführliches Protokoll. Alle fehlenden Wertsachen wurden darin aufgenommen und jeder einzelne Schüler wurde befragt. Allerdings konnte keiner nähere Angaben machen, denn keiner hatte etwas gehört oder gesehen. Es konnte kein Verdacht geäußert werden. Trotzdem waren wir erleichtert, weil die Polizei den ganzen Vorgang aufgenommen hat.

4.1 Groß- und Kleinschreibung

Übung 1 Seite 92

1.

Unsere Klassenfahrt

Viele Eltern hatten ihre Kinder zum Bus begleitet. Nachdem dieser endlich angekommen war, drängelten sich vor allem unsere Jungen, um einen der begehrten Plätze in der letzten Busreihe zu bekommen. Nachdem das Gepäck vom Busfahrer verstaut worden war, konnte es endlich losgehen. Die Fahrt dauerte drei Stunden. Sofort bezogen wir unsere Bungalows und richteten uns ein. Am Abend stand eine Rallye auf dem Programm. Dabei lernten wir das Gelände der Sportschule kennen. Mit Spaß und guter Laune erledigten wir sportliche Aufgaben und beantworteten zahlreiche Fragen. Die erste Nacht verlief sehr unruhig. Ohne Unterlass wurde erzählt, herumgealbert und so mancher Streich ausgeheckt. Übermüdet und etwas lustlos saßen wir am nächsten Morgen beim Frühstück. Doch das Vormittagsprogramm weckte unsere Lebensgeister. Unter der kalten Dusche wurden auch die Müdesten von uns wieder wach.

2.

Artikel (bestimmter und unbestimmter): das Gepäck, die Fahrt, eine Rallye, dem Programm, das Gelände, der Sportschule, das Vormittagsprogramm, die Müdesten
Präposition (+ Artikel): zum Bus, vom Busfahrer, am Abend, mit Spaß, ohne Unterlass, am nächsten Morgen, beim Frühstück
Pronomen: unsere Klassenfahrt, ihre Kinder, unsere Jungen, unsere Bungalows, unsere Lebensgeister
Adjektive: begehrten Plätze, letzten Busreihe, guter Laune, sportliche Aufgaben, kalten Dusche
Mengenangaben: viele Eltern, drei Stunden, zahlreiche Fragen, erste Nacht, mancher Streich

Übung 2 Seite 93

Unsere Klassenfahrt (2. Teil)

Beim **Duschen** rutschte einer der Jungen schlimm aus. Zum **Glück** hatte er sich nur eine **Verstauchung** zugezogen, sodass er zwar beim Sport nicht mehr mitmachen konnte, er aber nicht im Krankenhaus bleiben musste. Gegen 12.00 Uhr machten wir uns wie ausgehungert über das Mittagessen her. Für den Nachmittag wurde uns etwas **Aufregendes** versprochen. Wir sollten unseren **Mut** an einer Kletterwand erproben. Höchste Sicherheit war dabei angesagt. Zunächst legten wir unter strenger **Aufsicht** und mithilfe der Experten unsere Gurte an, die mit speziellen Knoten am Kletterseil befestigt wurden. Nachdem wir dann bestens gesichert waren, bekamen wir noch einige Tipps für den Aufstieg und es konnte losgehen. Wie die Spinnen versuchten wir, an der steilen Wand hochzuklettern, und kamen dabei ganz schön ins **Schwitzen.** Es kostete viel **Kraft** und **Überwindung,** doch alle versuchten ihr **Bestes.** Einige **Leichtsinnige** trauten sich zu viel zu und kamen dabei ganz schön ins **Rutschen.** Doch sie wurden sicher gehalten und baumelten in ihren Gurten frei schwebend in der Luft.
Wer es bis oben schaffte, hatte eine wundervolle **Aussicht** über das gesamte Sportgelände, doch beim **Blick** nach unten wurde so manch **Übermütigen** doch schwindelig. Im **Großen** und **Ganzen** war es ein anstrengender und gleichzeitig aufregender **Nachmittag.**

Übung 3 Seite 94

1. Es interessierte ihn nicht im Geringsten.
2. Mit ihrem Verdacht traf die Polizei ins Schwarze.
3. Im Allgemeinen erledigt sie ihre Aufgaben sorgfältig.
4. Sie war sich darüber nicht im Klaren.
5. Gegen Mitternacht saßen die Gäste auf dem Trockenen.
6. Das Schicksal wendete sich zum Guten.
7. Sie befürchtete das Schlimmste.
8. Die Fahrt führte sie ins Ungewisse.
9. Er hatte sie vor dem Schlimmsten bewahrt.
10. Er isst gerne viel Süßes.

Übung 4 Seite 95

1. Das Schöne daran ist, dass ...
2. Es ist schön, dass ...
3. Wir machen einen Ausflug ins Grüne.
4. Die grünen Baumkronen ...
5. Wir haben etwas Aufregendes erlebt.
6. Die Klassenfahrt war wirklich aufregend.
7. So etwas Dummes habe ich noch nie gehört.
8. Das ist nichts als dummes Geschwätz.
9. Die übrigen Brötchen könnt ihr mit nach Hause nehmen.
10. Im Übrigen kann ich morgen nicht kommen.
11. Das Wesentliche habt ihr nun verstanden.
12. Ihr habt die wesentlichen Informationen bekommen.
13. Er kehrte sein Innerstes nach außen.
14. Er teilte ihr seine innersten Gedanken mit.

Übung 5 Seite 96

1. **Das Spielen** im Treppenhaus ist verboten.
2. Kindern ist es nicht gestattet, den Aufzug ohne Begleitung Erwachsener zu **benutzen**.
3. **Beim Verlassen** des Gebäudes ist das Licht zu löschen.
4. In den Wintermonaten ist der Mieter **zum Räumen** von Schnee verpflichtet.
5. **Das Halten** von Haustieren ist den Bewohnern untersagt.
6. **Zum Entsorgen** von Müll stehen entsprechende Container zur Verfügung.
7. **Das Abstellen** von Fahrrädern im Hausflur ist nicht gestattet.
8. Kinder dürfen die Grünanlagen nicht **betreten**.
9. Nach 22.00 Uhr soll jeder Bewohner die Haustür **abschließen**.
10. **Jegliches Verstoßen** gegen die Hausordnung wird dem Hauseigentümer gemeldet.

Übung 6 Seite 97

Substantive + Signal: der Abend, am Abend, eines Morgens, gegen Mittag, jeden Nachmittag, am Sonntagnachmittag, des Nachts, gegen Morgen
Adverbien: nachmittags, vorgestern, abends, übermorgen, dienstags, montagmorgens, montags nachts, heute, jährlich, mittwochabends

Übung 7 Seite 98

Lösungsvorschlag:
Die Abreise in das Sommerzeltlager war am Samstagvormittag gegen 10.00 Uhr, um 12.30 Uhr sind wir angekommen und haben zuerst unser Gepäck ausgepackt, die Zelte bezogen und zu Mittag gegessen.
Danach gab es um 14.00 Uhr eine Besprechung in dem Gruppenzelt, in dem uns alles über die Lagerregeln erzählt wurde und die Leiter die Dienste verteilt haben. Eine Stunde später, gegen 15.00 Uhr, haben wir einige Kennenlernspiele gespielt.
Am späten Nachmittag fand eine Rallye durch das Dorf statt - ich habe den 2. Platz belegt - und dann gab es schon um 18.30 Uhr Abendessen. Anschließend musste ich beim Küchendienst helfen.
Abends haben wir zuerst zusammen eine Fahne für das Lager entworfen und dann die Feuerstelle eingerichtet.
Doch auch danach war ich noch gar nicht müde und habe ewig mit Judith gequatscht und die Jungen im Nachbarzelt geärgert, bis ich schließlich vielleicht so gegen 2.00 Uhr eingeschlafen bin.
Der Sonntag begann schon früh: Ich wachte gegen 7.30 Uhr auf, obwohl ich noch sehr müde war. Nach dem Frühstück haben wir die Dekoration für das Gruppenzelt gebastelt.
Bis um 15.00 Uhr war dann Mittagspause und wir haben das Gruppenzelt geschmückt. Anschließend sind wir zum Freibad gewandert und haben dort den ganzen Nachmittag verbracht.
Erst kurz vor dem Abendessen sind wir zurückgekehrt und ich musste feststellen, dass ich einen starken Sonnenbrand hatte. Aber er tat kaum weh, und so habe ich noch bis 22.00 Uhr am Lagerfeuer mit den anderen Lieder gesungen. Vollkommen müde bin ich schließlich in den Schlafsack gefallen, aber an Nachtruhe war nicht zu denken, denn die Jungen aus dem Nachbarzelt rächten sich dafür, dass wir sie gestern Nacht so sehr gestört hatten.

4.2 das oder dass?

Übung 1 Seite 100

1. Relativpronomen
2. Relativpronomen
3. Demonstrativpronomen
4. Demonstrativpronomen
5. Relativpronomen
6. Demonstrativpronomen
7. Relativpronomen

Übung 2 Seite 101

1. Wir hoffen, dass wir bald einen Wandertag machen.
2. Ich kann mir nicht vorstellen, dass wir morgen eine Deutscharbeit schreiben.
3. Ich bewundere an dir, dass du vor einer Klassenarbeit immer ganz ruhig bleibst.
4. Wir wünschen uns, dass unser Klassenraum bald gestrichen wird.

Übung 3 Seite 102

1. Dass wir bald einen Wandertag machen, hoffen wir.
2. Dass wir morgen eine Deutscharbeit schreiben, kann ich mir nicht vorstellen.
3. Dass du vor einer Deutscharbeit immer ganz ruhig bleibst, bewundere ich an dir.
4. Dass unser Klassenraum bald gestrichen wird, wünschen wir uns.

Übung 4 Seite 102

Lösungsvorschläge:

Ich sage dir, dass du nach dieser Übung die Regel verstanden hast.
Du befürchtest, dass du noch mehr Übungen brauchst.
Ich ahne, dass du weißt, worum es geht.
Ich denke, dass du es jetzt verstanden hast.
Ich vermute, dass du eine gute Zensur bekommst.
Ich erwarte, dass du immer fleißig übst.
Du musst bedenken, dass Übung den Meister macht.
Ich befehle dir, dass du die Übung zu Ende bringst.
Ich weiß, dass du das kannst.

4.3 Rechtschreibfehler finden und korrigieren

Übung 1 Seite 103

Die Ballade „Der Zauberlehrling“ von Johann Wolfgang von Goethe erzählt die Geschichte eines Zauberlehrlings, der in Abwesenheit seines Lehrmeisters mutig einen Besen verzaubert und dadurch beinahe eine große Überschwemmung herbeiführt.

Übung 2 Seite 104

Intention: Absicht
Basillika: Basilika; Kirchengebäude
Er holte seine Tasche – **holte:** holen (Grundform)
Tellegraphenstation: Telegrafenstation/Telegraphenstation; Station zur Nachrichtenübermittlung
Schlüselqualifikazion: Schlüsselqualifikation; besondere Eignung z. B. für einen bestimmten Beruf
Konfliktverhalten: Verhalten in Streitsituationen
Suchtpräwention: Suchtprävention; Vorbeugemaßnahmen, um eine Sucht zu verhindern
Er bekam kalte Füße – **bekam:** bekommen (Grundform)

4.4 Zeichensetzung

Übung 1 Seite 106

Im Freibad

Susi packte ihre Tasche und machte sich auf den Weg ins Freibad. An der Kasse traf sie Carlo. Doch wen hatte er da mitgebracht? Das war doch tatsächlich Sascha, der Neue aus der Parallelklasse. „Hi, Sascha“, stotterte Susi verlegen. Sie wurde rot und nahm sich Folgendes vor: Heute Nachmittag werde ich Sascha zu einem Eis einladen. Ob er wohl annehmen wird? Am Beach-Volleyballfeld trafen sie die anderen aus der Clique. Sie begrüßten sich stürmisch und stürzten gleich ins kühle Nass. „Puh, ist das kalt!“, rief Susi prustend. Dann wurde der 5-Meter-Turm geöffnet: ein Schauspiel für alle Freibadbesucher. Wer wohl heute seine Kunststücke zum Besten geben würde? Schon bald drängelten sich zahlreiche Zuschauer am Beckenrand. „Los, Jungs, traut

euch!“, ermunterten die Mädchen ihre Klassenkameraden.
Die kühnsten Sprünge wurden mit tosendem Applaus belohnt. Nach diesem Spektakel traf man sich bei Eis und Pommes auf der Liegewiese zum Faulenzen. Allen war klar: Morgen treffen wir uns wieder im Freibad!

Übung 2 Seite 107

Wolf und Lamm

Ein Wolf kam an einen Bach, um dort zu trinken. Da gewahrte er ein Lamm, das ein Stück unterhalb von ihm seinen Durst löschte.
„Warum trübst du mir das Wasser, das ich trinken will?“, wollte er wissen.
„Wie kann ich das Wasser trüben“, antwortete das Lamm, „das von dir zu mir herabfließt?“
„Jedenfalls weiß ich“, sagte der Wolf, „dass du vor fünf Monden übel von mir geredet hast.“
Das Lamm erwiderte: „Wie soll das möglich sein? Damals war ich noch gar nicht geboren.“
„Dann ist es dein Vater gewesen!“, schrie der Wolf und zerriss das Lamm, um es zu verschlingen.

Test

Übung 1 Seite 108

Das Betreten der Grünanlagen ist grundsätzlich verboten.
Das Spielen auf dem Sportplatz ist den Schülern der Unterstufe unter Aufsicht gestattet.
Das Rauchen auf dem Schulgelände ist Lehrern und Schülern verboten.
Das Verlassen des Schulgeländes ist in den Pausen auch den älteren Schülern nicht gestattet.
Das Herumspielen auf den Gängen in den Pausen ist verboten.
Der Aufenthalt im Schulgarten ist gestattet, wenn der Klassenlehrer es erlaubt hat.
Das Ausleihen von Spielgeräten an jüngere Schüler durch Schüler der SV ist möglich.
Der Aufenthalt in der Schulbibliothek ist denjenigen Schülern erlaubt, die dort lesen oder etwas ausleihen möchten.

Übung 2 Seite 108

Ich bin eine große Tierfreundin und habe deshalb gestern einen Tag im Tierheim verbracht. Schon am frühen Morgen traf ich dort ein, um die ersten Tiere zu versorgen. Wie jeden Morgen wurden zuerst einige Hunde ausgeführt und anschließend gefüttert. Kurz danach kam auch schon der Tierarzt, denn dienstags werden hier alle neu hinzugekommenen Hunde und Katzen geimpft.
Der Arzt hatte viel zu tun, denn gestern und vorgestern waren insgesamt fünf junge Katzen im Tierheim abgegeben worden. Zwei von ihnen waren am Sonntag in den späten Abendstunden auf einem Parkplatz ausgesetzt und von einem Taxifahrer gefunden worden.
Gegen Mittag machte ich eine kurze Pause, doch es warteten für den Nachmittag noch eine Menge Aufgaben auf mich. Bis zum frühen Abend war ich damit beschäftigt, Käfige zu säubern. Dann ging noch ein Notruf ein. So kam es, dass ich spätabends noch mit einer Tierpflegerin zu einem abgelegenen Haus fuhr, um dort zwei völlig verwahrloste Welpen mitzunehmen. So fuhr ich gestern Abend zwar erschöpft, aber zufrieden wieder nach Hause. Sicher werde ich in den Ferien dort werktags häufiger aushelfen.

Übung 3

Seite 110

Weißt du, *dass* ich morgen einen Termin beim Zahnarzt	Konjunktion
habe? *Dass* mir	Konjunktion
das nicht gefällt,	Demonstrativpronomen
das kannst du dir doch sicherlich vorstellen.	Demonstrativpronomen
Warum *das* aber auch immer sein muss?	Demonstrativpronomen
Das habe ich meine Mutter auch gefragt	Demonstrativpronomen
und sie hat mir gesagt, *dass* man	Konjunktion
jedes Jahr zum Zahnarzt gehen muss, um eine	
Kontrolluntersuchung machen zu lassen. *Das* Bohren ist für	Artikel
mich *das* Schlimmste. Ich bekomme schon eine Gänsehaut,	Artikel
wenn ich *das* Geräusch nur höre.	Artikel
Ich denke aber, *dass* es morgen nicht allzu schlimm werden	Konjunktion
wird, *das* tägliche Zähneputzen nehme ich nämlich immer	Artikel
sehr ernst. Also weiß ich, *dass* meine Angst unbegründet ist	Konjunktion
und ich dem Termin ganz gelassen entgegensehen kann.	

Bibliographisches Institut GmbH, Dudenstraße 6, 68167 Mannheim
ISBN 978-3-411-87023-3